KB168500

댓글 달기 전에
생각해 봤어?

일러두기

- 이 책은 SNS를 비롯한 인터넷 세상의 언어생활을 다루고 있습니다. 주제의 특성상 사전에 등재되지 않은 신조어와 은어 등을 일부 사용했으며, 필요한 경우에는 괄호로 설명을 덧붙였습니다.
- 외래어 표기는 국립국어원 원칙을 따르되 널리 쓰여 굳어진 용어들은 그대로 사용했습니다.

괴물처럼
자라는 말들

"아이, 씨발, 오늘 존나 늦을 것 같아."

종례를 끝내고 돌아서는데 뒤통수에서 들리는 목소리에 깜짝 놀란 적이 있어. 학생들이 맨날 쓰는 욕인데 새삼 뭐가 그리 놀랄 일이냐고? 그 목소리의 주인공이 평소에는 내 앞에서 너무나 공손하고 예쁘게 말하는 학생이었거든.

나도 모르게 뒤를 돌아봤지. 그랬더니 그 학생이 방긋 웃으면서 "선생님, 안녕히 가세요"라고 인사를 하더라고. 선생님이 왜 뒤돌아봤는지 전혀 모르겠다는 얼굴로 말이야. 그래서 오히려 내가 꼰대인가 하는 생각이 들었어. 그 학생은 아무런 문제의식을 느끼지 못하고, 친구끼리 그냥 재밌자고 한 말일 테니까. 아이들이 평소에 욕을 많이 한다는 사실은 잘 알고 있었지만, 전혀 예상치 못한 학생의 입에서 그런 말이 나왔다는 사실에 충격을 받았지. 흔히 말하는 '노는 아이들'이나 그런 말을 쓴다고 생각했나 봐. 물론 이런 생각도 편견이지만 말이야. 벌써 한 10여 년 전 일이야.

이제는 학생들이 이런 말을 해도 그냥 그러려니 하게 되는 것 같아. 마주 보고 이런 말을 거리낌 없이 쓰다 보니, 비대면으로 이루어지는 SNS에서는 더한 말들이 오가고 있어. 얼굴을 마주 보지 않는 상황에서, 게다가 익명성이 보장되는 공간이라면, '독한' 말을 쏟아 내는 데에 좀 더 거리낄 것이 없겠지? 문제는 자기가 내뱉는 말이 얼마나 독한 말인지, 누군가에게는 칼이 되어 꽂히는 말이라는 사실조차 모른다는 거야.

예전에는 청소년 언어라 하면 10대 사이에서 자기들끼리 은밀하게 소통하기 위해 만들어진 언어습관을 일컬었어. 그런데 이제는 다양한 인터넷 환경에서 접한 온갖 혐오와 차별의 말들까지 더해지고 있는 것 같아. 마치 온갖 오염수가 모여서 마구 섞이는 하수구처럼 말이야. 인터넷에서 이렇게 괴물처럼 자라난 말들이 하나둘씩 현실로 기어 나와 생명력을 얻고, 우리도 모르는 사이에 우리의 언어생활은 물론 사고체계까지 지배한다고 생각해 봐. 좀 끔찍하지 않아?

자기가 가지고 있는 칼이 얼마나 날카로운지 모르고 마구 휘두르면 무슨 일이 벌어질까? 그 위험성을 알고 조심해서 휘두르는 칼보다 백배는 더 위험할 거야. 때로는 '재미'라는 이유로, 또 때로는 무슨 의미인지 '몰랐다'라는 변명으로 내뱉어지는 온갖 혐오의 말들이 다른 누군가에게 얼마나 상처가 되는지 생각해 봤으면 해.

최소한 내가 하는 말들이 어떤 의미인지, 그 말들이 세상에 뱉어지면서 어떤 영향을 주게 될지 알고 써야 하지 않을까?

1. 틀린 게 아니라 다른 사람들

2. 편 가르는 사회에 희망은 없어

3. 제대로 알고 쓰는 것부터 시작이니까

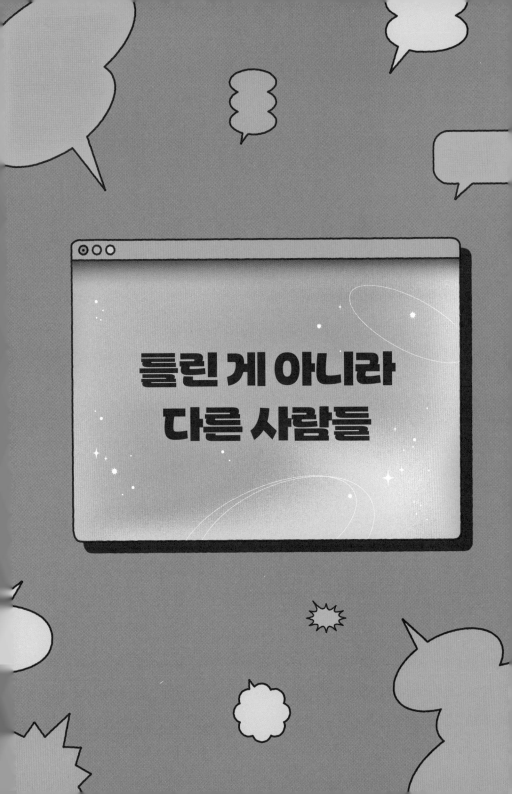

결정을 못해서
결정 장애라고요?

이런 친구 애자 맞죠?

게임만 하면 실수를 하는 애가 있어요. 눈새 ㅂㅅ도 아니고 바로 옆에서 적이 다가와도 모르고 당해요. 결정 장애도 아니고 오른쪽으로 가야 할지, 왼쪽으로 가야 할지 판단도 못해요. 허둥대기나 하고 말도 더럽게 안 듣고요. 제가 게임 좀 하는데 저 혼자 아무리 캐리해도 소용없어요. 친구라 싫은 소리는 못하고 있는데 손절해야 할까요?

⌐ ● 쿨가이
귀 막고 입 닫고 지 혼자 게임하나. 벙어리임? 나도 그런 경험 있어서 충분히 이해함.

⌐ ● 화내다해탈
애자, ㅂㅅ, 결정 장애… 이런 말은 장애인 혐오 표현이라 쓰면 안 됨. 벙어리도 마찬가지고. 애초에 굳이 벙어리라는 말을 쓸 필요가 있음?

⌐ ● 쿨가이
진지충 오졌다ㅋㅋㅋ 이 상황에 벙어리, 결정 장애보다 잘 맞는 말이 있음? 그리고 애자를 애자라고 하지 말라니. ㅂㅅ은 친한 친구끼리도 쓰는 말인데?

⌐ ● 화내다해탈
듣는 장애인 생각도 안 함?

ㄴ ● 쿨가이

매사에 이렇게 예민하게 구는 사람 때문에 장애인 이미지가 더 나빠지지 ㅉㅉ 오히려 지나치게 싸고도는 게 차별 아님? 말하는 사람이나 듣는 사람이나 그렇게 받아들이지 않는데 억까 ㄴㄴ

ㄴ ● 화내다해탈

나쁜 뜻으로 쓰지 않았으니 괜찮다는 건 무슨 논리;; 기분 나쁜 사람이 한 명이라도 있으면 쓰면 안 되지.

세상의 중심에서 장애를 외치다

장애인의 반대말은? '정상인'이라고 생각한 사람! 솔직하게 가슴에 손! 아마도 많은 사람이 손을 올렸을 거야. 그렇다면 정상의 반대말은 '장애'일까? 아니! 아마도 대부분 '비정상'이라는 말을 떠올렸겠지. 그런데 생각해 봐. 장애인의 반대말이 정상인이고, 정상의 반대말이 비정상이라면 '장애'와 '비정상'은 같은 말일까? 어떻게 생각해? 이 질문에 자신 있게 그렇다고 대답할 사람은 많지 않을 거야. 왜냐하면 우리는 장애가 있다고 차별하면 안 된다고 배우니까. 사실 둘은 같은 말도 아니야.

이쯤에서 한번 돌아봤으면 해. 그동안 무심코 '장애'와 '비정상'을 같은 말처럼 생각하지는 않았는지 말이야. 나는 장애인을 차별하지 않는다, 적어도 차별할 의도는 없었다고 말하면서도 사실은 마음속에 이런 차별의식이 있었다는 생각이 들지 않아?

장애인의 반대말은 '비장애인'이야. 만약 장애인의 반대말을 '정상인'이라고 생각했다면 대체로 외모나 행동이 평균인 사람들을 정상이라고 여기기 때문이겠지. 다수가 가진 특징을 정상이라고 보고, 그렇지 않으면 비정상이라고 보는 거야. 이런 생각을 '비장애 중심주의'라고 해. 영어로는 에이블리즘(ableism)이라고 하지. 통계적으로 평균에 가까운 사람의 몸 상태만을 정상이라 생각하고, 질병이나 장애가 있는 몸을 비정상으로 보는 태도를 말해. 이러한 비장애 중심주의는 장애인을 치료나 교정이 필요한 대상으로 여겨. 그래서 자연스럽게 장애인 차별로 이어지기 마련이야.

놀랍게도 이런 비장애 중심주의를 가진 사람들은 대체로 자신이 그런 생각을 갖고 있다는 사실을 잘 몰라. 오히려 자신은 절대로 다른 사람을 차별하지 않는다고 믿지. 표준에 해당하는 사람은 '표준'이라는 것이 있다는 사실조차 알아차리기 어렵거든. 예를 들어 볼까? 한 손의 손가락이 각각 5개인 사람은 자기 손가락이 전부 10개라는 사실에 신경을 쓸까? 자기 주변에 있는 사람들도 대부분 그렇기 때문에 그저 당연하게 여길 뿐이야. 아무런 의미를 두지 않지. 장갑을 끼면서 장갑의 손가락은 왜 5개인지 생각하지 않아. 우리 사회에서는 이미 다섯 손가락이 '표준'으로 굳어져 있다는 사실조차 깨닫지 못하는 거야. 그러다가 여섯 손가락을 가진 사람을 보면 신기하다는 듯이 쳐다보곤 해. 그 사람이 민망해하건 말건 말이야.

소외되는 소수의 목소리

튼튼한 두 다리를 가진 사람에게 계단을 오르는 것은 별일 아니야. 그것이 얼마나 어려운지 생각해 볼 일조차 없지. 아, 물론 100개쯤 되는 계단을 엘리베이터 없이 올라가라고 하면 아우성을 치겠지만 말이야. 가끔 장애인 단체에서 '장애인 이동권'을 요구하며 출퇴근 시간에 지하철 시위를 벌인다는 뉴스를 들어 봤을 거야. 비장애인이 이용하는 모든 교통수단과 여객 시설, 도로를 장애인도 이용할 수 있도록 보장해 달라는 시위지. 이런 시위

지하철역 계단을 내려가기 위해 휠체어 리프트를 타는 장애인

#장애

가 열릴 때면 어떤 사람들은 하필 바쁜 시간대에 시위를 해서 출퇴근이 늦어진다며 불편해해. 그리고 그 불편함은 곧바로 장애인에 대한 분노로 이어져. 소수의 권리만을 주장하는 이기적인 집단이라고 말이야. 소수를 위해 다수가 왜 피해를 입어야 하느냐고 목소리를 높이는 거지. 정작 소수는 왜 늘 다수를 위해 양보만 해야 하는지에 대해서는 생각하지 않아.

유명한 철학자의 말을 그럴듯한 명분으로 내세우기도 해. '최대 다수의 최대 행복'이라고 들어 봤지? 최대한 많은 사람에게 최대한 큰 행복을 누리게 해야 한다는 뜻이야. 제러미 벤담이 주장한 공리주의 사상이지. 평균을 이루는 다수에게 유리하도록 이렇게 제법 있어 보이는 이론을 끌어다 쓰는 거야. 유명인이나 전문가의 말을 빌려 쓰면 괜히 더 믿음이 가잖아. 이런 현상을 바로 '권위의 오류'라고 해. 유명한 철학자의 이론이 뒤를 봐주니 다수의 이익이 중요하다고 외치는 목소리는 더 커지겠지? 게다가 민주주의 사회에서 의사 결정을 내릴 때는 '다수결의 원칙'을 자주 이용해. 결국 소수의 목소리는 깔끔하게 무시당하기 쉽지.

이런 생각이 널리 퍼지면 어떻게 될까? 우리 사회에서 스스로를 정상인이라고 여기는 사람은 자신이 누려 온 혜택을 너무나 당연한 권리로 생각하게 돼. 자기가 평균이라는 범주에 든다는 이유 하나만으로 말이야. 그리고 조금이라도 손해를 볼 것 같으면 '최대 다수의 최대 행복'이라는 원칙에 어긋난다며 자신의 권리를 주장하겠지. 평균에 들지 않는 소수에게 사회적 비용을 쓰는 것을 아까워하면서 말이야.

 ## 우생학이라는 괴물의 탄생

인권이란 인간이라면 누구나 당연히 누리는 권리야. 특정 사람들만 누릴 수 있는 권리가 아니지. 다수라는 범주에 속한 경우도 마찬가지겠지? 또 정상의 의미가 '평균적인 것'이라면, 정상이 비정상보다 더 낫다고 말할 수도 없어. '다수'라는 이유로 '소수'보다 더 우월하다고 말할 수 있는 것은 아니니까. 단지 운이 좋아서 남들과 비슷하게 태어났고, 그 상태를 유지하고 있다는 이유만으로 그렇지 않은 사람들을 차별하고 상처 입히는 것이 과연 옳은 일인지 생각해 봐.

이러한 비장애 중심주의야말로 19세기 말, 서구 사회를 휩쓸었던 '우생학'이라는 괴물이 몸집을 키운 배경은 아니었을까? 우생학은 영국의 생물학자인 찰스 다윈이 쓴 《종의 기원》을 바탕으로 나온 이론이야. 생존 경쟁을 통한 진화의 과정을 인간에게도 똑

1936년 나치의 그림. 유전병 환자 1명이 하루에 쓰는 국가 비용으로 건강한 독일인 가족이 하루를 살 수 있다고 선전했다.

같이 적용했지. 적자생존의 원리에 따라야 인류의 진화가 이루어 질 수 있다고 믿었거든.

우생학을 따르던 사람들은 인류의 진화에 도움이 되지 않는다 는 이유로 수백만 명을 거세시켰어. 유전적인 결함이 있는 사람 들은 2세를 낳지 못하도록 해야 한다는 끔찍한 이유에서였지. 대 표적인 예로 독일의 나치 정권은 아리아 민족의 혈통을 보존한다 는 명분으로 유대인과 장애인을 무차별하게 학살하는 만행을 저 질렀어. 지금 생각하면 말도 안 되는 일이지. 다수가 소수에게 벌 이는 이런 무의식적인 차별이 과거 극단주의자들에게 어떤 빌미 를 주었는지 잊어서는 안 돼.

결정을 못해서 결정 장애라고요?

몰랐으니까 괜찮은 걸까?

〈암살〉은 일제강점기 대한민국 임시정부의 친일파 암살 작전을 그린 영화야. 이 영화에는 친일파 염석진이라는 인물이 등장해. 원래 독립군으로 김구 선생의 신임을 받던 염석진은 일제의 회유로 변절하지. "몰랐으니까. 해방될지 몰랐으니까, 알면 그랬겠나?" 이 말은 염석진이 해방 후 반민족 행위로 재판을 받고도 증거 불충분으로 풀려나며 내뱉는 변명이야. 개봉 당시 어마어마한 유행어가 되어 수많은 밈을 만들어 냈지.

"몰랐다."

우리는 이 말을 일상에서 자주 써. 어떤 실수나 잘못을 저질렀을 때 변명으로 말이야. 물론 모르고 한 번은 그럴 수 있어. 나쁜 의도가 아니었다면 말이야. 그러나 그 일을 당하는 사람의 입장에서는 '무심코 내뱉는 상처의 말'을 매일 들어야 해. 몰라서 그런 말을 하는 사람이 너무 많거든. 장애와 관련된 말들이 특히 그래. 그런 말을 해도 잘못을 지적받는 경우는 별로 없어. 말하는 사람은 보통 무엇이 문제인지조차 잘 모르고, 듣는 사람도 분위기상 자신이 상처받았다고 말하기 어렵기 때문이야. 누군가 지적하는 순간 그 사람은 그저 예민한 사람, 장애를 내세워 대접 좀 받아 보려는 사람이 된다는 것을 경험으로 너무나 잘 알고 있거든.

"그럴 의도가 없었다."

이 한마디로 그들이 입은 상처를 뭉개 버리고 있었던 것은 아닌지 진지하게 고민해 봐야 해. 모르고 한 행동이라고 잘못이 없는 것은 아니거든. 상처를 주려는 의도가 없었다고 누군가의 아픔이 사라지지는 않잖아. 때로는 모르고 한 말이 더 큰 칼이 되어 꽂히기도 해. 국물을 먹다가 입천장이 덴 경험 있지? 국물이 뜨거운 줄 미리 알았다면 식기를 기다렸다가 먹었거나 숟가락에 놓고 살살 불어 가며 먹었을 거야. 말도 마찬가지야. 내 말이 상대방에게 상처가 될 수 있다는 사실을 알았다면 아예 안 하거나 더 조심해서 말하지 않았을까?

어떤 사람들은 웃자고 한 말에 죽자고 달려든다고 하소연하기도 해. 매사 예민하게 불편함을 드러내는 '프로 불편러' 아니냐고 말이야. 하지만 그렇게 죽자고 달려들어야 혐오 표현을 없앨 수 있지 않을까? 지금까지 화가 나도 참고 억지로 웃어 주었기 때문에 아무것도 바뀌지 않았던 것은 아닐까? 이제는 이런 표현들에

결정을 못해서 결정 장애라고요?

좀 더 예민하게 굴었으면 해. 우리 모두를 위해 좀 까칠해져도 좋을 거야.

다르다고 구분 짓는 진짜 이유

2014년, 당시 19세였던 발달 장애 학생이 사회복지관 건물 3층에서 두 살배기 어린아이를 던져 죽게 만든 사건이 있었어. 사랑하는 아이를 잃은 부모의 심정을 어떻게 말로 다 표현할 수 있을까? 피해 아동의 어머니는 그 후 가해자로부터 어떤 사과도 받지 못했고, 복지관 측은 책임을 회피하려 한다는 글을 인터넷에 올렸어. 그런데 그 글에서 가장 화제가 된 것은 태연하게 웃으면서 아이를 건물 밖으로 던져 버린 발달 장애 학생의 얼굴을 잊을 수 없다는 내용이었어. 이 사건의 방향은 문제의 원인 분석과 재발 방지를 위한 노력, 피해 가족에 대한 지원이 아니라 '발달 장애인'에 대한 두려움으로 흘러갔지.

당시 인터넷에는 장애인을 혐오하는 글들이 넘쳐 났어. '평소에 장애인을 차별하지 말라고 했으니 이 경우에도 똑같이 살인죄로 처벌해야 한다', '장애인이라고 해서 살인에 면죄부를 주어서는 안 된다' 같은 주장이 대부분이었지. 심지어 이 사건과 관련 없는 과거 사례들이 오르내리기 시작했어. 장애인들은 심보가 꼬이고 성격이 더럽다, 언제까지 장애인을 이해해야 하느냐는 하소연이 터져 나왔지. 무서워서 이들과 같이 살 수 없으니 발달 장애인을 사회에서 격리해야 한다는 과격한 이야기도 마구 쏟아졌어.

뉴스를 보면 아주 끔찍한 범죄가 일어나곤 하잖아. 그러면 우리는 범인의 신상을 참 많이 궁금해해. 그런데 실제로 흉악 범죄를 저지른 범인은 비장애인인 경우가 훨씬 많아. 비장애인이 장애인보다 훨씬 많으니 당연한 결과지. 그런데 우리는 이런 비장애인에게 더 큰 벌을 주어야 한다거나, 언제까지 비장애인을 이해해야 하느냐고 하지는 않아.

범죄자가 비장애인인 경우에도 사람들은 또 다른 **범주화**를 시작해. 범죄자들이 평균과 정상의 범위를 벗어나는 부류임을 증명하려고 하는 거야. 예를 들어 범죄자의 사이코패스 성향이나 불우한 가정 환경, 어딘가 남달랐던 학창 시절 등에 주목해. 우리와 완전히 다른 존재로 보는 거지. 평균에 속하지 않는 사람을 혐오하고 상처 입히면서 말이야. 무의식중에 그렇게 해야만 내가 가진 '평균인'의 지위를 지킬 수 있을 거라 굳게 믿고 있지는 않은지 생각해 봐야 해. 어쩌면 우리 마음속에는 혹시나 내가 그런 평균의 범주에서 멀어지면 어떡하나 하는 두려움이 있는지도 모르

결정을 못해서 결정 장애라고요?

겠어. 학교에서 따돌림을 보고도 못 본 척하거나 괴롭힘에 동조하는 이유가 뭐라고 생각해? 그렇게 하지 않으면 내가 다음 괴롭힘의 대상이 될까 하는 두려움 때문 아닐까?

무작정 친절한 것도 차별이라고?

'애자'라는 말은 '장애자'라는 말에서 나왔어. 1981년 심신장애자복지법에서 공식적으로 '장애자'라는 말을 썼지. 그러다가 이 단어에 사람을 비하하는 의미가 있다고 해서 1989년에 '심신장애인복지법'으로 이름이 바뀌었어. 장애자의 자(者) 자가 한자로 '놈'을 뜻하거든. 오늘날 노동자, 배우자, 경영자 등에서 사람의 의미로 쓰는 '자'가 비하인지에 대해서는 의견이 분분하지만 말이야. 어쨌거나 이후 '장애인'이라는 말이 공식화되었어.

어떤 사람들은 존중의 의미에서 벗 우(友)를 쓴 '장애우'로 대체하자고 주장하기도 했어. 하지만 정작 당사자인 장애인은 이 말을 쓸 수 없다는 문제가 있어. 예를 들어 '학생'이라는 말을 생각해 봐.

나는 학생이다. 너는 학생이다. 그는 학생이다.

전혀 이상하지 않지? 그러면 '장애우'는 어떨까?

나는 장애우다. 너는 장애우다. 그는 장애우다.

1인칭 시점인 '나는 장애우다'라는 문장에서 뭔가 이상한 점을 느꼈어? 한자를 우리말로 바꾸면 '나는 장애 친구다'가 되잖아. 이상하지? 어떤 대상을 가리키는 말을 **지칭어**라고 해. 그리고 위에서 봤듯이 특정한 인칭에서 사용하기 어려운 말은 지칭어로 쓸수 없어. 장애우는 장애인을 동정의 대상으로 만드는 표현이기도해. 지나친 존중과 배려는 오히려 차별이 될 수 있거든. 상대방이원하지도 않는데 친구가 되어 주는 것이 과연 배려일까? 지칭어에 담긴 말의 무게를 깊이 고민해야 하는 이유야.

어떤 사람들은 언젠가 우리도 장애인이 될 수 있기 때문에 장애인을 차별하면 안 된다고 주장해. 보건복지부 발표에 따르면우리나라에 등록된 장애인은 2021년 기준으로 전체 국민의5.1%야. 그중에서 후천적인 이유로 장애가 생긴 경우는 88.1%에달한다고 해. 장애인 10명 중 9명이 병이나 사고 등으로 장애가생기게 된 거지. 실제로 우리도 언젠가 장애인이 될 수 있다는뜻이야. 하지만 내가 장애인이 될지도 모르는 상황에 대비하기위해 선의를 베풀어야 한다는 주장도 결국은 장애인에 대한 차별이야. 장애인을 자선과 봉사가 필요한 대상으로 보는 거니까.

　장애인을 보면 무조건 도움을 주어야 한다고 생각하는 사람도 있어. 그 사람의 의사와 상관없이 먼저 도움의 손길을 내미는 것이 장애인을 위하는 일이라는 거지. 하지만 장애에 대한 이런 온정주의는 장애인을 열등한 존재로 바라보는 것과 같아. 생각해 봐. 나보다 강한 사람을 도와주어야 한다고 생각하는 사람은 별로 없잖아.

　《우리 없이 우리에 대한 것은 없다》라는 책을 쓴 미국의 장애인권 운동가 제임스 찰턴도 비슷한 말을 했어. 우리가 장애인을 온정주의로 대하는 것은 그들 스스로 자기 삶을 책임질 수 없다고 생각하기 때문이라는 거야. 그리고 이런 온정주의는 내가 장애인보다 낫다는 우월감으로부터 시작되며, 장애인에게는 개인의 의지나 문화, 전통, 주권 대신에 통제나 보살핌이 필요하다는 생각에서 나온댔지.

　이런 생각은 우리가 평소 하는 말에도 나타나. 결정을 쉽게 내리지 못할 때 흔히 '결정 장애'라고 하잖아. 장애인은 부족한 존재라는 시각에서 망설이는 모습을 장애로 비하해 표현한 거야. 다름은 다름 그 자체로 이해하고 존중해야 해. 나와 다르다는 이유로 누가 더 나은지 줄 세우는 것, 그게 바로 **차별**이야.

이제는 이렇게

장님 코끼리 만지듯 하는 정책을 내놓았다.

➡ 숲을 보지 못하고 나무만 보는 정책을 내놓았다.

"장님 코끼리 만지듯"이라는 속담은 지금도 무심코 흔히 쓰여. 그런데 이 말은 시각 장애인을 엄연히 낮잡아 보고 차별하는 말이야. 일상생활에서 이 말을 듣는 시각 장애인의 기분을 한번 생각해 봐.

앉은뱅이책상, 벙어리장갑, 눈먼 돈

➡ 낮은 책상, 손모아장갑, 주인 없는 돈

'눈먼 돈'처럼 장애를 부정적인 상황에 비유한 말뿐 아니라 '앉은뱅이책상', '벙어리장갑'처럼 그 형태를 비유한 말도 문제가 된다는 것을 명심해. 우리말에는 유난히 장애인 관련 속담이 많아. 장애인 인권에 대한 인식이 낮았던 옛날에 만들어진 것들이야. 말의 가치도 시대에 따라 달라져야 하는 것은 당연하겠지?

결정을 못해서 결정 장애라고요?

휠체어에 의지해서 살아가는 사람들

➡ 휠체어를 사용하며 살아가는 사람들

장애인은 수동적인 존재가 아니야. 장애인은 휠체어, 보청기, 의수 같은 보장구를 이용해 얼마든지 사회에 참여할 수 있어. 장애인을 능동적인 주체로 바라봐야 해.

그는 청각 장애를 극복하고 훌륭한 과학자가 되었다.

➡ 청각 장애가 있던 그는 훌륭한 과학자가 되었다.

장애인을 불행과 절망, 동정의 대상으로 묘사하는 것도 실례야. 장애를 극복의 대상으로 보는 건 어떨까? 노력과 의지로 극복하지 못한 장애는 개인의 책임으로 만들어 버리니 이것 역시 주의해야 해.

정신지체, 지적발달 장애

➡ 발달 장애, 지적 장애, 자폐성 장애

사실 정신지체나 지적발달 장애라는 장애 유형은 없어. '발달 장애'는 지적 장애와 자폐성 장애를 포괄하는 말이거든. 지능이 낮으면 '지적 장애', 다른 사람과 어울리고 의사소통을 하는 데 어려움을 보이면 '자폐성 장애'라고 해.

흑인에게 흑형은
칭찬 아니냐고요?

간지 중의 최고는 흑형 간지인 듯

오늘 아파트 헬스장 갔다가 운동하는 흑형을 봤어. 와, 그 흑형 이두박근 장난 아니야. 흑형들 근육이 남다른 줄은 알았지만 눈앞에서 보면 진짜 개쩔어. 역시 흑형이 개간지. 짱깨들이나 쪽발이들하고는 비교할 수 없는 듯. 똥남아들은 말해 뭐해ㅋㅋ 나도 몸 만들어서 바프 찍고 싶더라.

ㄴ ● 탑오브탑
ㅇㅈ 흑형들은 근육의 탄력 자체가 다른 듯. 육상이나 농구에서 좀 한다 하는 선수는 죄다 흑형인 걸 보면 인정 안 할 수가 없어.

ㄴ ● 까르보나라
'흑형'이란 말은 쓰면 안 됨. 백인한테는 '백형'이라고 안 하면서 흑인한테는 왜 '흑형'이라고 함? 듣는 흑형 기분 나빠. 짱깨니 쪽발이, 똥남아는 또 뭐고… 에휴. 일제강점기에 일본인들이 우리를 '조센징'이라고 비하하던 과거는 다 잊어버린 듯.

ㄴ ● 탑오브탑
진지충 또 납셨네. 칭찬해도 뭐래. 멋지다고 하는 말인데 뭐가 기분 나쁘다는 거? 짱깨나 쪽발이는 그렇다 쳐도 흑형은 친근하게 쓰는 말인 데다, 근육짱짱 말벅지라고 부러워서 하는 말이구만. 그리고 짱깨를 짱깨라고 하고 쪽발이를 쪽발이라고 하는 건데 뭐가 문제?

까르보나라

듣는 사람이 기분 좋아야 칭찬 아님? 흑형이라는 말을 들었을 때 흑인 대부분이 기분 나빠하던데 그래도 칭찬임? 일본에서 우리나라 사람을 조센징이라고 부르면 얼마나 기분 나쁠지 한번 생각해 봐.

탑오브탑

사람을 외형으로 나누는 게 뭐가 잘못이지? 키 큰 사람이랑 작은 사람 구분하듯 피부색으로 흑인, 백인 나누는 게 뭐가 어때서. 차이와 차별은 구별해야 하는 거 아닌가? 차이는 인정하고, 차별만 안 하면 되잖아?

한국인처럼 생겼어

요즘 우리나라 대중문화, K-컬처의 인기가 하늘을 찌르고 있어. 그런 뉴스를 보면 한국인으로서 괜히 어깨가 으쓱해지지 않아? 그러다 보니 연예기획사에서는 세계 시장을 염두에 두고 외국인 멤버가 있는 아이돌 그룹을 만들곤 해. 중국이나 일본, 동남아시아 출신도 있어. 요즘 잘나가는 아이돌 그룹 뉴진스의 하니도 부모님이 베트남 사람이지. 블랙핑크의 리사, 트와이스의 쯔위도 각각 태국과 대만 사람이야. 그런데 동남아시아 국적의 아이돌을 보고 이렇게 말하는 사람들이 많다고 해.

"와, 예쁘다! 진짜 한국인처럼 생겼어!"

이건 칭찬일까 아닐까? 과연 이 말을 듣는 당사자는 기분이 어떨까? 한국과 일본의 문화를 소개하는 틱톡커로 유명한 비비안 응우옌은 베트남 사람이야. 응우옌은 이런 말을 하는 이유가 외모 면에서 한국 사람이 동남아시아 사람보다 우월하다는 인식이 깔려 있기 때문이라고 비판했어. 동남아시아 사람에게 한국 사람처럼 예쁘다는 말은 결국 비하라는 거지.

한국인이니까 스스로 한국인이라는 사실에 자부심을 느끼는 게 당연한 걸까? 영화사에서 돈이 떨어지면 '국뽕' 영화를 만든다는 말이 있어. 국뽕을 한 사발쯤 들이킬 수 있는 영화를 만들면 적어도 망하지는 않는다는 거지. 물론 우스갯소리지만 말이야. 국뽕은 '국가'와 마약 종류인 '히로뽕'을 합친 말이야. 자기 나라가 최고라는 환상에 취해 국가를 찬양하는 모습을 마약에 빗댔지. 당연히 요즘처럼 마약 문제가 심각한 때에 가볍게 써서는 안 되는 말이야.

유튜브만 봐도 '한국 ○○에 전 세계가 놀란 이유', '외국인이 극찬하는 한국 ○○' 같은 제목이 흔하잖아. 이런 섬네일을 달고 나온 영상들이 높은 조회수를 올리는 것도 한국인들의 남다른 자부심 때문일 거야. 온갖 영역에 'K'라는 말을 붙이는 유행도 이와 관련 있어. K-컬처, K-푸드, K-팝 등 세계적으로 조금만 유명해지면 그 앞에 'K'를 붙이잖아. 어떤 사람들은 이를 두고 개인의 성취를 민족적 성취인 양 부풀리는 한국인의 민족주의를 잘 보여 주는 사례라고 비판하기도 해.

한국인들이 좋은 일에만 민족을 내세우는 것은 아니야. 2007년 미국에서 전 세계를 충격에 빠뜨린 총기 난사 사건이 벌어졌어. 바로 버지니아 공대 총기 난사 사건이야. 대학교 안에서 벌어진 총기 난사로 32명이 죽고 29명이 다쳤지. 이 끔찍한 사건의 범인은 바로 한국인 이민자 조승희였어. 이 일이 벌어지자 한국에서는 전국적인 추모 열기와 함께 동포가 저지른 잘못을 미국에 사과하자는 여론이 크게 일었어. 실제로 외교부가 나서서 미국에 사과하기도 했지.

그런데 미국의 반응이 어땠는지 알아? 한마디로 '황당하기 그지없다'였어. 조승희라는 개인의 잘못일 뿐인데 왜 한국인 전체가 사과를 하느냐는 거야. 미국의 뉴스 채널인 CNN에서는 한국인들의 이런 태도를 도무지 이해할 수 없다며 일본의 사회학자를 인터뷰하기도 했어. 그 사회학자는 일본도 이와 비슷하다며, 단일민족 국가의 공동체 의식 때문이라고 했대.

 ## 한국인은 모두 단군의 자손일까?

그런데 우리 민족은 정말 단일민족일까? 어떻게 5,000년 동안 다른 민족과 피가 한 번도 섞이지 않을 수 있지? 단군이 고조선을 건국하기 전까지 한반도에는 아무도 안 살았던 걸까?

《우리 역사를 바꾼 귀화 성씨》라는 책을 보면 우리나라 성씨의 약 46%가 귀화 성씨라고 해. 다른 나라의 국적을 얻어서 그 나라 국민이 되는 것을 '귀화'라고 하잖아. 외국인이 귀화해서 한국인이 되면 한국식으로 성씨를 새로 만들어. 바로 '귀화 성씨'야. 2015년 통계청 인구주택총조사에 따르면 우리나라 성씨는 총 5,582개야. 물론 인구수로만 따졌을 때 김씨, 이씨, 박씨, 최씨, 정씨가 절대적으로 많기는 해. 그런데 귤씨, 깡씨, 벌씨, 떵씨, 흰씨, 김내가우리됨을씨 같은 특이한 성씨도 있어. 가장 긴 성씨는 '프라이인드로스테쭈젠덴'인데 무려 열한 글자나 돼. 귀화 성씨인 걸 바로 알겠지? 이런 귀화 성씨만 봐도 우리나라가 오랜 역사만큼 다양한 민족이 섞였다는 것을 알 수 있어.

우리가 단일민족임을 강조해 왔던 배경은 우리 역사에 있어. 5,000년에 달하는 한반도의 지난 역사를 돌아보면 우리 조상은 수많은 외세의 침입 속에서 똘똘 뭉쳐 터전을 지켜 내야만 했거든. 그러다 보니 자연스럽게 한국식 민족주의가 자라날 수밖에 없었을 거야. 특히 1910년 나라를 빼앗기고 1945년 광복을 맞이하기까지 끊임없이 일제에 저항하는 과정에서 우리의 민족의식은 더 커지고 단단해졌지. 그리고 6·25전쟁의 아픔을 딛고 짧은 시간에 놀라운 경제 성장까지 이루었잖아. 우리의 민족적 자긍심이 큰 역할을 했지.

"우리는 민족중흥의 역사적 사명을 띠고 이 땅에 태어났다."

흑인에게 흑형은 칭찬 아니냐고요?

1968년에 반포된 국민교육헌장의 첫 구절이야. 이 국민교육헌장은 군사독재 시절의 유물이라는 비판을 받다가 2003년에 공식 폐지되었어. 또 초등학교가 국민학교였던 시절에는 조회 시간마다 태극기를 앞에 두고 '조국과 민족'의 무궁한 영광을 위해 몸과 마음을 바치겠다며 〈국기에 대한 맹세〉를 해야 했어. 2007년에 '자유롭고 정의로운 대한민국'으로 그 표현이 바뀌기 전까지 말이야. 불과 20여 년 전만 해도 여기저기서 대놓고 민족을 위해 살라고 교육했던 거지. 우리나라가 세계에서 유일한 분단국가인 점도 민족의식을 강조해야 하는 이유였지. 통일을 왜 해야 하느냐면 '우리는 같은 민족'이니까! 이 한마디보다 더 강력한 말이 과연 있었을까?

국기에 대한 맹세

· 1974년 이후: 나는 자랑스런 태극기 앞에 조국과 민족의 무궁한 영광을 위하여 몸과 마음을 바쳐 충성을 다할 것을 굳게 다짐합니다.

· 2007년 이후: 나는 자랑스러운 태극기 앞에 자유롭고 정의로운 대한민국의 무궁한 영광을 위하여 충성을 다할 것을 굳게 다짐합니다.

우리나라 사람들이 가장 많이 쓰는 대명사가 뭔지 알아? 바로

'우리'야. 정확하게 말해서 '우리'는 1인칭 복수형이야. 그런데 우리 집, 우리 형, 우리 엄마처럼 단수와 복수를 구분하지 않고 쓰는 경우가 많다. 사전에서 '우리'라는 말을 찾아보면, 짐승을 가두어 기르는 곳이나 울타리(울)라는 뜻의 사투리로도 쓰는 것을 알 수 있어. 따지고 보면 그 어원이 같다고 말하는 사람도 많다. '울'을 경계로 우리 것과 남의 것이 나누어지니까.

문제는 '우리'를 강조하다 보면 남과 우리를 구분하고 경계하게 된다는 거야. 통계청이 발표한 자료를 보면 2021년 기준으로 우리나라의 다문화 가구는 38만 5,000가구야. 전체 가구에서 1.7%를 차지하고 있고 그 비율은 매년 높아지고 있다고 해. 그런데도 외국인을 우리나라 국민으로 받아들이는 정도는 10점 만점에 5.3점밖에 안 되지. 우리의 민족의식이 외국인을 우리 국민으로 받아들이는 데 걸림돌이 되고 있는 거야. 단일민족을 강조하고 우리 민족의 우월성을 강조할수록 다른 민족과 구분하는 마음의 울타리를 자꾸 치게 돼. 물론 한국인의 그 민족적 자부심이 오늘날의 대한민국을 만든 원동력이었다는 점을 부정할 수는 없어. 하지만 과거와 같은 대결 구도는 이제 '라떼 한잔하시는' 우리 부모님 시대로 끝내야 하지 않을까?

우리가 사는 이 세계는 이미 하나야. 인터넷으로 전 지구가 연결되어 있고 실시간으로 소통이 가능한 세상이지. 태어나면서부

흑인에게 흑형은 칭찬 아니냐고요?

터 이미 세계와 연결되어 있던 요즘 아이들은 그런 민족적 우월감을 한 번도 느껴 보지 않았을지 몰라. 그러나 어른들의 말을 자꾸 듣다 보면 어느새부터인가 그 속에 스며든 의미를 모르는 채로 잘못된 말을 쓰게 돼.

인터넷 속에서 채 걸러지지 못하고 마구 돌아다니는 말들도 마찬가지야. 비판 없이 받아들이다 보면 그 말에 담긴 좋지 않은 생각까지 우리 의식 속에 스며들고 말지. 의식이 말을 지배하고, 말이 또 우리 의식을 지배하는 법이니까. 그래서 늘 명심해야 해. 내가 쓰는 말이 어떤 의미를 담고 있는지, 다른 사람에게 어떤 의미로 받아들여지는지, 혹시라도 상처를 줄 수 있는지를 말이야. 앞에서 말했듯이 몰랐다고 용서되는 것은 아니니까.

 ## 인종 차별도 서열이 있다고?

'흑형'이라는 말도 마찬가지야. 얼핏 들으면 칭찬같이 들려. 실제로 이 말을 쓰는 사람들도 칭찬의 의도로 그랬을 거야. 멋진 근육과 넘치는 '스웩(Swag)'이 부러워서 말이야. 그런데 왜 흑인에게만 유독 '흑형'이라고 하는지 생각해 봤어? 백인한테는 '백형'

이라고 하지 않잖아. 왜 굳이 피부색을 강조해서 흑형이라고 부르게 된 걸까? 무의식적으로 백인의 하얀 피부는 자연스러운 것으로 받아들이면서 흑인의 까만 피부에 대해서는 거부감을 갖기 때문은 아닐까? 자기도 모르게 하얀 피부가 표준에 가깝고, 검은 피부는 특이하다고 생각하는 거지.

'흑형'이라는 말을 유독 흑인들의 신체적 우월성이나 힙합 재능에 한정해서 쓰고 있는 것도 문제야. 은연중에 흑인이 머리는 나쁘지만 힘은 세고, 클래식이 아닌 대중음악만 할 줄 안다는 이중적 차별의식을 품고 있거든. 그런 의미로 쓴 게 절대 아니라거나 자신은 클래식보다 대중음악을 더 좋아하기 때문에 칭찬한 거라고 반박할지도 몰라. 물론 누군가를 칭찬하려던 의도가 무조건 나쁘다는 게 아니야. 하지만 그 말을 듣는 사람의 기분이 나쁘다면 그건 칭찬이 아니야. 어떤 사람을 피부색이라는 한 가지 특징으로 규정하는 것은 저마다 다른 개인의 고유한 특성을 무시하는 일이거든.

콩고민주공화국에서 온 유튜버 조나단 욤비, 미국의 시사 주간지 〈타임〉에서 '세계에서 가장 영향력 있는 10대'로 선정한 흑인 혼혈 모델 한현민이 한 인터뷰에서 입을 모아 한 말이 있어. 흑형이라는 말을 정말 듣기 싫다고 말이야. 이런 차별은 단순히 피부색을 구분하는 데 그치지 않고, 그 나라의 경제적 수준에 **편견**을 가진 경우가 많아. 백인에겐 "어느 대학에서 공부하세요?"라고 묻는 반면, 흑인에겐 "어느 공장 다니세요?"라고 묻는 거지. 그리고 콩고민주공화국에서 왔다고 하면 무얼 타고 왔냐고 묻는 사람이 꼭 있대. 비행기를 타고 왔다고 대답하면 그 나라에도 비행기가 있냐고 되묻는 식이지. 단순한 호기심에서 나온 질문이었겠지만, 듣는 사람은 기분이 좋을 리 없지.

2020년 〈세계일보〉에서 한국에 살고 있는 외국인 207명을 대상으로 설문조사를 했어. 그 결과, 외국인마다 피부색과 인종, 출신 국가에 따라 느끼는 혐오와 차별의 정도가 다 달랐다고 해. 백인은 대부분 한국인이 친절하다고 느꼈지만, 같은 아시아계 외국인은 훨씬 더 많은 불친절을 경험했다고 답했어. 한국인들이 피부색이나 출신 국가의 경제력 등에 따라 서열을 매기고 외국인을 차별하는 이중적인 모습을 보인다는 뜻이야.

인종 중에서는 흑인이, 출신 국가 중에서는 필리핀, 베트남 등 동남아시아 국가의 사람들이 한국에서 더 차별받는 것으로 답했다고 해. 실제로 한국인이 모든 외국인을 동등하게 바라보지 않는다는 거지. 전문가들은 조선 후기에 서양의 문물과 함께 들어온 백인 중심의 위계적 인종 관념이 한국식 인종주의로 굳어졌기 때문이라고 말해.

재미있자고 한 말일 뿐인데

이색 졸업사진으로 유명한 고등학교가 하나 있어. 바로 의정부고등학교야. 해마다 사회적 이슈를 소재로 유쾌하고 기발한 콘셉트의 사진을 찍는 것으로 유명하지. 그런데 2020년 이 학교에서 '관짝소년단'이라는 제목의 사진이 올라와서 문제가 된 적이 있어. 학생들이 얼굴에 검은색 분장을 하고 가나의 장례식 문화를 따라 한 사진이었지. 얼굴을 시커멓게 칠해 흑인으로 분장하는 것을 '블랙페이스(Blackface)'라고 하는데, 여기에는 흑인 비하의 의미가 담겨 있거든. 아마 학생들은 장례식에서 흥겹게 춤추는 가나의 문화를 모방하려는 의도였을 거야. 당시 가나에서 온 예능인 샘 오취리가 이 사진을 보고 한마디 했어.

"웃기지 않습니다. 흑인 입장에서는 불쾌한 일입니다."

이 말을 한 후, 오취리는 온갖 논란에 휩싸였어. 그가 과거 방송에서 했던 말들이 오르내리면서 역으로 동양인에 대한 인종 차별 논란까지 불거졌지. 관짝소년단 사진은 인종 차별일까 아닐까? 여기서 중요한 것은 차별의 의도가 있었느냐 없었느냐보다는 블

흑인에게 흑형은 칭찬 아니냐고요?

랙페이스야. 블랙페이스 자체가 흑인 비하의 의미가 될 수 있다는 사실을 알고 있어야 해.

1980년대 우리나라에는 흑인 분장을 하고 나와서 춤을 추고 노래를 부르던 '시커먼스'라는 개그 코너가 있었어. 당시에는 아무도 문제를 제기하지 않았고 인기도 많았지. 그런데 지금 이런 방송을 했다가는 인종 차별 논란으로 여론의 뭇매를 맞을 거야. 동양인을 두고 '옐로페이스'라고 하면 어떨 것 같아? 당연히 기분 나쁘겠지? 마찬가지로 흑인에게 블랙페이스가 기분 나쁘지 않을 거라고 생각한다면 모순이야.

실제로 2016년에 카메라 보정 어플인 스냅챗에서 옐로페이스 필터를 내놓아서 인종 차별 논란이 일었어. 이 옐로페이스 필터를 적용하면, 사용자들의 얼굴이 옆으로 퍼지고 하관이 짧아져. 그리고 두 눈이 아래로 처지면서 가늘어지고, 앞니가 튀어나오는 우스꽝스러운 모습이 되지. 서양인이 보기에 동양인은 광대가 두드러지고 눈이 작아 보였나 봐. 그래서 두 손으로 눈꼬리를 잡아당겨 찢어진 눈을 만드는 거야. 이른바 '칭크(Chink)'라고 부르는 이 행위는 대표적인 동양인 비하야. 세계적인 축구선수 손흥민도 경기 중에 관중으로부터 이 행위를 당한 적이 있어. 결국 그 관중은 축구장 출입을 3년간 금지당했다고 해.

사람들은 왜 이런 짓을 할까? 블랙페이스, 칭크 같은 행위가 웃기고 재밌다고 생각하기 때문이야. 그게 왜 웃기냐고? 영국의 철학자 토머스 홉스는 다른 사람과 비교해서 자신이 더 낫다고 생각할 때 사람들의 자존감이 높아진다고 했어. 남들보다 우월한 자신을 확인하고 기쁨을 느낀다는 거지. 이런 관점을 '우월성 이론'이라고 해.

우리 조상들은 놀림의 대상을 지배계급이나 힘 있는 자들로 정하고, 그 속에서 카타르시스를 느꼈어. 문학에서는 이걸 **풍자**라고 하지. 평소에는 비판은커녕 감히 쳐다보지도 못했던 지배계급을 비꼬면서 사회의 모순을 고발하고 가슴에 맺힌 억울함을 풀었던 거야. 이런 웃음은 사회를 오히려 건강하게 만드는 역할을 했어. 그런데 요즘은 놀림의 대상이 특정 사람들에게 집중된다는 것이 문제야. 자기보다 열등하다고 생각되거나 열등하기를 바라는 이에게 향하고 있거든. 지속적인 조롱은 결국 차별과 혐오로 이어지고, 그 대상이 되는 사람은 지울 수 없는 상처를 받겠지.

 호모 카테고리쿠스

2021년 기준으로 우리나라 초·중·고등학교의 다문화 학생은

흑인에게 흑형은 칭찬 아니냐고요?

약 16만 명이야. 전체 학생 수의 3% 정도라고 해. 10년 전보다 4.1배나 증가했다고 하니 얼마나 가파르게 그 수치가 늘어나고 있는지 알겠지? 국제결혼의 증가나 여러 가지 사회적·경제적 이유로 우리나라에 다문화 가정이 많아지면서 자연스럽게 다문화 학생도 증가하고 있어.

'다문화'는 다문화주의에서 나온 말이야. 원래는 다문화 가정을 국제결혼 가족, 이중문화 가족, 혼혈인 가족이라고 했어. 그런데 이런 말들이 국적에 따른 차별을 일으킨다고 해서 다문화 가정이라는 말을 쓰게 된 거야. 다문화주의는 다양한 문화와 언어를 서로 인정하고 공존하는 사상이나 정책을 말해. **다양성**을 존중하자는 의미지.

그런데 요새는 이 다문화에 대해서도 말이 많아. 뭐가 문제냐고? 다양성을 존중하자는 의미에서 만들어진 다문화가 다양성이 아닌 '다름'을 강조하는 말이 되어 버렸거든. 생각해 봐. 우리나라에서는 국제결혼 가정을 다문화 가정이라고 불러. 그런데 이상하게도 서양인 부모가 있는 가정에는 이 말을 잘 쓰지 않지. 마치 동남아시아 출신의 부모가 있는 가정만을 이르는 말처럼 여겨. 최근에는 중앙아시아 국가에서 온 부모의 가정까지 포함해서 쓰고 있어. 어느새 우리나라에서 '다문화'라는 말은 사람을 분류하는 새로운 범주가 되어 버린 것 같아. 《차별의 언어》를 쓴 장한업 교수에 따르면 국제결혼 가정을 굳이 '다문화 가정'으로 부르는 나라는 우리나라뿐이라고 해.

미국의 사회심리학자 고든 올포트는 사람이란 범주의 도움을 받아야 사고할 수 있고, 그래야 질서 있는 생활이 가능하다고 말했어. 그래서인지 사람들은 늘 같은 것과 다른 것을 나눠서 범주를 만들고 무언가를 구분 짓고 싶어 해.《선량한 차별주의자》라는 책에서는 인간을 '호모 카테고리쿠스'라는 말로 설명해. 모든 것을 하나의 카테고리(범주)로 묶고 싶어 하는 것이 인간의 특성이라는 거지. 사람에 대해서도 예외가 아니야. 남자와 여자를 구분하고, 피부색에 따라 인종을 구분하고, 국적에 따라서도 사람을 범주화하거든.

각각의 범주에 속하는 사람들을 객관적으로 구분할 수 있다면 별문제가 없을 거야. 하지만 범주화에는 대부분 평가가 들어가. 각각의 범주를 두고 우월성을 따지는 거지. 어떤 경우에는 어느 범주에도 들지 못하는 사람들이 생겨나기도 해. 바로 소수자야. 베트남 사람이 베트남에 있을 때는 문제가 되지 않아. 필리핀 사람이 필리핀에 있을 때도 문제없지. 그런데 이 사람들이 우리나라에서 굳이 '베트남 사람', '필리핀 사람'으로 구분된다면 불편한 마음이 들 수 있어. 더구나 이들을 싸잡아 '동남아'라고 부르거나 '똥남아'라고 비하한다고 생각해 봐.

누군가는 자신이 그 어떤 편견도 가지고 있지 않다고 말할지도 몰라. 동남아시아에서 온 사람을 그저 동남아시아 사람이라고 했을 뿐인데 그게 왜 편견이냐고. 백인 남자에게 '백인 남자'라고 말해도 기분 나빠하지 않듯이, 아시아 사람인 자신을 '아시안'이라고 해서 기분 나쁠 이유가 없다고 말해. 같은 논리로 동남아시아 사람을 '동남아'라고 해서 기분 나쁘다면 괜한 자격지심이나 열등감 때문이라는 거야.

하지만 내가 차별받은 적이 없다고 해서 그 말이 차별이 아니라고 할 수는 없는 거잖아. 인종적으로 백인은 백인이라서 차별받은 적이 없어. 지금까지 서구 사회에서 남자라는 이유로 차별받은 역사 역시 찾기 힘들어. 오히려 늘 지배적인 위치에 있었지. 그러니 '백인 남자'라는 말은 어떻게 말해도 기분 나쁠 이유가 없어. 반면에 '아시안'이라는 말은 좀 다르지. 해외에 거주하는 한인들은 인종 차별을 받은 경험을 종종 이야기하곤 해. 이런 경험이 있는 사람들은 대체로 '아시안'이라는 말이 썩 유쾌하지 않을 거야. '다문화'니 '동남아'니 하는 말들 역시 마찬가지야.

그리스의 철학자 소크라테스는 "너 자신을 알라"라고 했어. 무엇인가를 아는 것보다 내가 무엇을 모르는지 깨닫는 것이 훨씬 어려운 법이야. 편견을 갖지 않는 건 쉬워. 자신에게 편견이 있다는 사실을 깨닫는 것이 어렵지.

화이트닝 ➡ 브라이트닝

누구나 밝고 깨끗한 피부를 원해. 백인처럼 하얀 피부를 원하는 게 아니지. 피부를 밝게 한다는 의미에서 '브라이트닝'이라고 하자.

블랙리스트(Blacklist) ➡ 블록리스트(Blocklist)

'블랙리스트'는 보안을 위해 금지된 목록, 위험한 인물의 명단을 말해. 우리는 습관적으로 부정적인 것에 '블랙'을, 긍정적인 것에 '화이트'를 써. 꼭 필요한 경우가 아니라면 다른 말로 바꿔 말하자.

블랙 컨슈머(Black Consumer) ➡ 악성 소비자(Bad Consumer)

부당한 이익을 얻고자 악성 민원을 제기하는 소비자를 '블랙 컨슈머'라고 해. 정작 흑인이 많은 미국에서조차 잘 안 쓰는 말이지. 대체할 말이 있는데 굳이 써야 할까?

흑인에게 흑형은 칭찬 아니냐고요?

외국인 학생 ➡ 국제 학생

내국인과 외국인을 구분하는 과정 자체가 누군가에겐 차별로 느껴질 수 있어. 우리나라에 살고 있는 외국인을 대상으로 인터뷰를 진행했는데, 참가자 모두 '외국인(foreigner)'이란 단어에서 불편함을 느낀다고 답했대. 외국인은 말 그대로 '다른 나라 사람'이라는 뜻이잖아. 안과 밖의 선을 긋는다는 점에서 자신을 받아들이지 않겠다는 뜻으로 느껴지지. 예를 들어 '외국인 학생' 대신 '국제 학생'은 어떨까? 가장 좋은 방법은 외국인이라고 뭉뚱그려 말하기보다 상대방의 이름을 똑바로 기억하고 불러 주는 거겠지? 모두가 어울려 사는 세계화 시대니까 말이야.

조선족 ➡ 재중 동포

'조선족'은 구한말이나 일제강점기에 중국으로 이주해 국적이 중국인 동포를 일컬어. 미국, 일본에 귀화한 경우에 각각 재미 동포, 재일 동포라 부르는 것처럼 '재중 동포'라는 말을 쓰자.

여자의 적은
여자라고요?

확실히 여자의 적은 여자임

예전에 어떤 만화가가 페미니즘이란 남자에 대한 분노라기보다 같은 여자에 대한 분노라고 해서 말이 많았잖아. 나는 이 말이 왜 문제인지 모르겠어. '한남'이니 '한남충'이니 하면서 남자 욕하는 여자들 보면 하나같이 못생겼어. 그리고 남자친구 하나 없는 경우가 대부분이야. 학교에서도 꼭 못생긴 애들이 자기보다 예쁜 애 꼽주고 괴롭히잖아. 예쁜 여자가 남자 잘 만나서 잘나가는 꼴 보고 배 아픈 게 맞다니까.

ㄴ ● 나여자
나도 여자지만 이 말이 맞는 것 같아. 학교에서도 나이 좀 많은 여자 선생님들은 남학생을 더 좋아해. 남자애들이 떠들면 봐주면서 여자애들이 떠드는 꼴은 못 보지. 진짜 여적여인 듯.

ㄴ ● 개풀뜯는소리
여자를 못살게 구는 사람은 남자인 경우도 많은데 '여적남'이란 말은 왜 안 함? 남자들 보면 자기들끼리 더 견제하고 못되게 굴더만. 그러면 '남적남'이라고도 해야 공정한 거 아님?

ㄴ ● 나여자
예쁜 여자들이 외모를 무기 삼아 즐기는 건 사실 아닌가? 남자애들도 예쁘면 무조건 다 잘해 주고. 예쁜 여자들은 남자를 싫어할 이유가 없어. 그러니 페미는 죄다 못생긴 여자들이란 말이 맞지.

└ ● ㅇㅇ
사실 요즘같이 남자가 역차별받는 세상에서 여성 차별 어쩌고
하니 욕이나 먹지. 여자가 기득권이 된 지가 언젠데. 솔직히 여초
생활 조금이라도 해본 애들은 다 느끼지 않나?

└ ● 개풀뜯는소리
여적여는 기껏 꼽주는 게 다야. 그런데 여적남은 데이트 폭력이
나 묻지마 살인으로 끝나기도 하잖아. 남적남은 더 가관임. 정말
본질적인 문제가 뭔지는 관심도 없고 그저 남녀 편 가르기나 하
니 아직도 이 모양 이 꼴이지.

언니,
저 마음에 안 들죠?

　SNS가 발달하면서 요즘은 뭐든지 챌린지가 되고 밈이 되는 것 같아. '스퀘어 아이즈'라는 챌린지 본 적 있어? 유튜버 랄랄이 낸 〈스퀘어 아이즈(Square Eyes)〉의 뮤직비디오를 따라 하는 챌린지야. "언니 저 마음에 안 들죠?", "눈을 왜 그렇게 떠?" 같은 가사와 함께 눈을 한껏 치켜뜨거나 과한 표정으로 기 싸움을 벌이지.

　그런데 이 뮤직비디오가 순식간에 인기를 얻을 수 있었던 배경이 있어. 실제로 2015년에 두 여자 연예인이 말다툼하는 영상이 인터넷에 유출되었는데 이 영상에서 "언니, 저 마음에 안 들죠?"라는 말이 나왔거든. 이 말은 당시에도 유행어처럼 번져 다양한 밈으로 만들어졌지. "거봐, 여적여 맞잖아"라는 댓글도 많이 달렸어. 여자들끼리 벌이는 기 싸움이 '여자의 적은 여자(여적여)'라는 그간의 인식에 대한 증거인 것처럼 말이야. 언론의 적당한 부추김도 한몫했지.

　살다 보면 누구나 갈등을 겪어. 남자들끼리, 여자들끼리, 때로는 남녀 사이에서 갈등이 언제든 일어나잖아. 그런데 유독 여자 사이에 일어나는 갈등을 여자의 특성인 것처럼 이야기하는 것은 좀 이상해. 거의 10년에 가까운 세월이 흘렀는데도 여전히 센 언니처럼 눈을 치켜뜨고 "언니, 저 마음에 안 들죠?"를 외치는 모습에 열광하는 이유는 도대체 뭘까?

남존여비 사상이 널리 퍼져 있던 과거에는 처첩 제도가 있어서 한 남자가 여러 아내를 맞을 수 있었어. 특히 왕은 왕비뿐 아니라 많은 후궁을 거느렸는데, 누가 왕의 사랑을 차지하느냐에 따라 후궁의 목숨이 왔다 갔다 하곤 했지. 그래서 궁중 여인들이 벌이는 암투는 사극의 오랜 단골 소재였어. 남자는 귀하고 여자는 천하다 여기던 시절이었으니 민간의 여인들 역시 항상 약자였지. 혹독한 시집살이를 참아 내야 하는 며느리들에게 시어머니는 종종 갈등의 대상이었어. 이런 것들이 '여적여'의 기원이라면 기원일까? 하지만 방금 언급한 갈등은 여자들의 특성 때문은 아니야. 여성을 벼랑 끝으로 내모는 사회제도와 문화의 문제였지.

어떤 행동의 원인을 두고 "여자라서 그래"라고 이야기하는 것을 **성별 고정관념**이라고 해. 여자라서, 장애인이라서, 외국인 노동자라서… 우리가 어떤 사람의 특성을 말할 때 그 사람의 성별이나 인종, 사회적 지위를 가지고 판단하면 어떻게 될까? 그러한 정체성을 가진 사람들에 대한 잘못된 고정관념을 만들어 내게 돼. 그리고 고정관념은 차별과 혐오로 이어질 수밖에 없어.

여자의 적은 여자라고요?

여성은
왜 대상화되는 걸까

교실에서 남학생들이 많이 하는 것이 있어. 바로 '섹드립'이야. 옛날에는 덩치 크고 힘 좀 쓰는 아이들이 학급 분위기를 주름잡았다면, 요즘은 웃기고 재치 있는 아이들이 분위기를 좌우해. 그런데 이런 아이들이 유머라고 생각하고 내뱉는 말 중 하나가 섹드립이야. 야한 농담이나 성적인 표현 말이야.

남학생들은 자기들끼리 모여 있을 때 섹드립을 종종 던져. 만약 그 장소가 교실이나 복도라면 여학생들은 듣기 싫어도 듣는 경우가 생기지. 어떤 남학생들은 주변에 여학생이 있다는 것을 알면서 일부러 모르는 척 더 크게 이야기하기도 해. 마치 들으라는 듯이 말이야. 그리고 여자애들이 질색하며 거부감을 표현하면 재밌어하지. 남학생들은 그런 자신들의 행동을 그저 장난이라고 생각해.

미국의 철학자 마사 누스바움은 여성을 대상화하는 것이 바로 여성 혐오라고 했어. **대상화**는 상대를 목적을 위한 도구로 취급하는 거야. 이렇게 상대를 대상화하는 사람들은 그 사람의 감정이나 자율성을 무시하고 침해해도 된다고 여겨. 반대로 대상화된 사람은 오명과 낙인을 뒤집어쓰고 수치심을 느끼지.

남학생들이 교실 같은 일상에서 섹드립을 하는 것도 마찬가지야. 지금까지 가부장적인 문화에서 여성은 성에 대해 수동적이고 소극적인 태도로 자랐어. 그에 비해서 남성은 성에 있어 훨씬 관대하고 자연스러운 문화에서 자랐지. 어떤 경우에는 성적인 과시가 남성의 능력처럼 여겨지기도 하니 말이야. 그래서 섹드립을 그저 장난으로 생각하기 쉬워. 어른들의 전유물이라고 여겨지는 성적인 농담을 통해 스스로 어른스러움과 남자다움을 과시하려고 하지. 그런데 이런 섹드립을 들어야 하는 여학생들은 어떨까? 불편하고 모욕적이지 않을까? 그런 의미에서 섹드립은 남녀의 성별 고정관념을 강화하는 역할을 한다고 할 수 있어. 성별 고정관념을 키우고 차별을 부추기는 말, 그것이 바로 여성 혐오야.

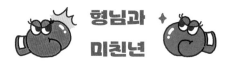

"형님, 지나가신다. 비켜 드려라."

남학생이 체격이 좋은 여학생에게 하는 말이야. '미친년'은 남자답지 못하다고 생각하는 남학생에게 하는 욕이라고 해. 앞에서 말한 것처럼 성별 고정관념을 강화하는 말은 여성 혐오로 이어져. 그런데 이런 여성 혐오는 남성의 시각에서 볼 때, 얼마나 여성스러운지를 두고 판단하는 경우가 많아. 여학생이 화장을 해도 남성의 시각에서 여성스럽지 않으면 혐오의 대상이 되거든. 화장을 하지 않으면 또 여자답지 못하다는 이유로 '토 나온다', '멧돼지', '오크녀' 같은 혐오의 말들을 쏟아 내지.

남학생들이 여학생의 화장이나 외모에 대해 이렇게 말하는 것은 자신들이 여학생을 평가할 수 있는 위치에 있다고 여기기 때문이야. 다른 사람의 외모를 품평하는 배경에는 기본적으로 자신이 상대보다 우월하다는 의식이 깔려 있거든. 그러다 보니 못생긴 여자들이 '남자들의 관심을 독차지하는' 예쁜 여자들을 질투해서 페미니즘을 신봉한다는 논리가 나오는 거지. '꼴페미'치고 예쁜 애 없다는 주장이 남초 커뮤니티에서 거리낌 없이 오르내리고, 그 말이 진실인 양 받아들여지기도 해. 여기서 '꼴페미'란 꼴통과 페미니스트 두 단어를 합쳐 조롱하는 말이야. 이런 말들로 학생들의 성별 고정관념은 더욱 굳어지고, 차별이 난무하는 학교 문화가 만들어져. 차별적인 학교 문화는 다시 여성 혐오로 이어지지.

남학생들 사이에서 가장 큰 욕은 '게이 같다'는 말이라고 해. 달리 말하면 여자 같다는 거지. 남학생들 사이에서 '미친놈', '이 새끼', '저 새끼' 정도는 욕이라고 생각조차 안 하는 경우가 많아. 오히려 이런 말은 친한 사이에서만 쓰는 말이라고 이야기하지. 적어도 '미친년'은 되어야 욕이라는 거야. 이런 말들이 남학생들에게 왜 욕이 되는 걸까? 은연중에 남자가 여자보다 우월하다고 생각하기 때문이 아닐까? 예전에는 어른들이 남자애가 울면 고추 떨어진다고 겁을 줬어. 그러면 울음을 뚝 그쳤지. 여자가 된다는 것은 열등한 존재로 떨어지는 것이니 공포스러운 일이었거든. 남학생들이 보기에 여성스러운 남자애를 '게이'나 '미친년'이라 부르고, 이런 말이 큰 욕이 된다는 것은 무슨 뜻일까? 여성스러운 특성을 가진 남자애들은 혐오의 대상이라는 거야.

물론 여기서 여성스러운 특성이란 남성의 시각을 기준으로 해. 우리 사회는 오랫동안 남자는 강하고, 여자는 약하다고 여겨 왔어. '눈물'은 약한 자나 흘리는 것이라고 생각했지. 그러니까 남자는 울면 안 되었던 거야. 섬세하고 감성적인 사람이 남자라는 이유로 늘 그렇지 않은 척 살아야 한다고 생각해 봐. 그 삶이 얼마나 괴롭겠어?

모든 혐오의 뿌리는 고정관념이야. 이 고정관념이 굳어지면 한쪽에 치우친 편견에 빠지게 돼. 앞에서 말한 장애인 혐오나 인종 차별 역시 고정관념에서 비롯해. 어떤 사람의 특성을 그 사람의 성별이나 인종 그리고 그 사람이 가진 정체성만으로 규정하고 비난하는 것이 바로 '혐오'의 시작이야. "여자라서 ~한다" 또는 "남자니까 ~해야 한다" 같은 말들은 바로 이런 고정관념을 더욱 단단하게 만들지. 여기서 썰렁한 농담 하나 할게. 우리가 절대 키워서는 안 되는 개 두 마리는? 바로 '편견'과 '선입견'이래.

현생은 이미 여자가 기득권?

여성 혐오에 대해 문제를 제기하고 우리 사회에서 여성이 겪는 차별을 이야기하면 꼭 이렇게 말하는 사람이 있어. "여성이 차별받던 시절은 이미 옛날이지. 지금 사회는 오히려 여성이 기득권이야"라고 말이야. 실제로 몇몇 남성은 남성이라는 이유로 자신이 차별받고 있다고 생각하는 것 같아. 예를 들어 선생님들이 무거운 짐은 꼭 남학생에게 들라고 시킨다는 거지.

체육 시간에 수행평가 기준이 성별에 따라 다른 것을 예로 들기도 해. 같은 수평평가인데도 여학생들의 만점 기준이 훨씬 낮은 경우가 많거든. 남학생은 줄넘기를 50개 해야 한다면 여학생은 30개만 해도 만점인 거지. 신체 특성상 여학생이 남학생보다 운동 능력이 낮다는 차이를 고려한 것이지만, 이것을 차별이라고 생각한 몇몇은 분노하곤 해. 여학생이 남학생보다 더 잘하는 과

목에선 왜 그런 기준에 차이를 두지 않느냐면서 말이야. 그러면서 여성이 이미 기득권이라는 주장에 깊이 공감하는 거야. 극복하기 어려운 선천적인 신체 능력의 차이인지 아니면 단순히 성향의 차이인지에 대한 고민이 필요한데도 말이지. 특히 우리나라 남성은 병역의 의무가 있잖아. 다 같은 대한민국 국민인데 왜 남자만 군대에 가야 하는지 묻곤 해.

그동안 우리 사회는 꾸준히 양성평등 문제에 관심을 가지고 노력해 왔어. 상대적으로 젊은 층 사이에서는 양성 간의 격차가 많이 줄어들고 있는 것도 사실이야. 하지만 미래에서 마주하게 될 우리 사회의 모습이 정말 그럴까? 일하는 여성의 환경을 평가하는 '유리천장 지수'에서 우리나라는 12년째 꼴찌라는 사실 알아? 영국의 시사 주간지 〈이코노미스트〉에서는 매년 OECD 회원국을 대상으로 유리천장 지수를 발표해. 우리나라는 이 평가가 시작된 2013년 이후, 단 한 번도 꼴찌를 벗어나지 못했어. 이런데도 우리 사회에서 여성이 차별받지 않는다고 말할 수 있을까?

원래 유리천장은 투명한 유리로 막힌 '보이지 않는' 천장이란 뜻이야. 충분한 능력이 있는데도 성별이나 인종 등을 이유로 고위직 진출을 가로막는 장벽을 말하지. 요즘은 성별 때문에 승진에 차별을 받는 경우에 주로 써. 하늘로 날아가던 풍선이 유리천장에 막혀 더 높이 날아가지 못하듯이, 보이지 않는 성차별로 사회적 지위가 더 높아지지 못하는 모습을 비유하는 거야. 이런 유리천장의 존재를 인정하고 특정 직군이나 고위직에서 여성에게 일정한 비율의 자리를 주는 여성 할당제를 조금씩 도입하고 있어. 그런데 이런 시도가 남성에 대한 역차별이라는 목소리도 점점 커지고 있는 것 같아. 군대 문제와 더불어 젠더 갈등의 주요 이슈가 되고 있지.

양성이 평등한 세상이 되어야 한다는 사실에는 누구나 동의할 거야. 오늘날 우리 사회의 기득권이 남성이냐 여성이냐 하는 문제는 관점의 차이로 남겨 두더라도 말이야. 성별을 이유로 차별해서도 안 되지만, 성별을 이유로 특혜를 받아서도 안 돼. 결과의 평등이냐 기회의 평등이냐 하는 문제는 우리 사회의 영원한 논쟁거리지. 하지만 그동안 우리 사회에 유리천장이 있었다면, 승진 과정이 특정 성별에 공정하지 못했다는 것도 인정해야 하지 않을까? 그 규칙을 공정하게 만드는 것이 단순한 특혜일까? 어떤 것이 공정한지에 대해서는 더 치열한 논의가 필요해 보여.

한 가지는 꼭 짚고 넘어가자. 내가 겪지 않았다고 해서 세상에 없는 일이 아니야. 다른 곳에서 누군가는 겪는 일이지. 여러 수치에서 객관적으로 드러나는 사실이 있는데도 여성에 대한 차별이 없다고 말할 수 있을까? 그런 차별을 걷어 내는 시도를 특혜라고 해도 되는 걸까?

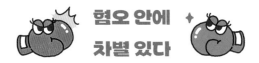

혐오 안에 차별 있다

　여전히 여성 혐오가 우리 사회에 팽배하다는 주장에 거세게 반응하는 사람이 많아. 아마도 '혐오'라는 개념이 서로 다르기 때문인 것 같아. 사전을 찾아보면 혐오는 "싫어하고 미워함"이라고 풀이되어 있어. 그런데 싫어하고 미워하는 마음이 혐오라고 느끼는 정도는 사람마다 달라. 사람들은 보통 싫어하는 것을 넘어서서 극도로 꺼리고 몸서리칠 정도로 싫은 감정을 혐오라고 생각해. 그러다 보니 어떤 사람들은 '김치녀', '된장녀'라는 말을 쓰는 것이 여성 혐오라고 하는 데 동의하지 않아. '혐오'라는 말을 붙이는 것은 지나치다고 생각하는 거지. 하지만 《말이 칼이 될 때》를 쓴 홍성수 교수는 혐오란 단순히 대상을 싫어하고 미워하는 감정이 아니라고 했어. 대상이 지닌 정체성을 인정하지 않고 차별하는 태도를 뜻한다는 거야. **혐오**는 얼마나 싫어하냐의 문제가 아니라, 정체성에 대한 차별과 배제라는 거지.

　남성에 비해 여성은 '여성 혐오'라는 표현을 더 쉽게 받아들이는 것 같아. 사소한 차별에서 시작된 말이 엄청난 폭력으로 이어지는 사례를 너무나 많이 보아 왔기 때문이지. 제3자가 보기에는 혐오가 다소 과한 말처럼 느껴지지만 차별받는 사람들의 입장에

여자의 적은 여자라고요?

서는 그런 말들이 자연스러운 거야.

 최근에는 여성 혐오에 대한 반감으로 일부 여성 커뮤니티에서 '한남', '한남충' 같은 말이 생겨나고 있어. 이런 말들은 당연히 남성 혐오 표현이야. 써서는 안 되지. 그런데 남성 혐오는 여성 혐오와 같은 잣대로 비판받지 않아. 남성 혐오보다 여성 혐오가 훨씬 더 큰 사회 문제로 받아들여지기 때문이야. 그 이유가 뭘까?

 앞의 책에서 홍성수 교수는 혐오 표현의 핵심이 그 표현을 통해 대상을 '차별'하는 결과로 이어지느냐에 있다고 했어. 생각해 봐. 역사적으로 볼 때 우리 사회에서 남성이 성별을 이유로 차별받았던 적이 있는지 말이야. 남성을 '한남'이라고 부른다고 해서 미래에 남성이 더 큰 차별을 받게 될까? 아마 아닐 거야. 그래서 남성 혐오는 여성 혐오와 근본적으로 차이가 있어.

 같은 표현이라도 소수자를 향할 때는 사회적 영향력이 완전히 달라진다는 점을 고려해야 해. "아니, 남녀 성비가 비슷한데 왜 여자가 '소수자'라는 거야?"라며 반론을 제기하는 사람도 있을 거야. 하지만 소수자란 단순히 그 수가 많고 적음을 이르는 말이 아니야. 어느 사회든 그 사회에서 지배적이라고 여겨지는 사회적 기준과 가치가 있어. 성별, 인종, 종교 등에 따라 그 기준과 가치가 달라서 차별의 대상이 되는 사람들을 **소수자**라고 해.

 혐오 표현이 소수자를 향할 때는 그 표현 자체가 차별을 부추기고 상처를 주게 돼. 자신이 예쁘다고 생각하는 사람은 못생겼다는 말을 들어도 상처받지 않지만, 자기가 못생겼다고 생각하는 사람은 상처받는 것과 같아. 그래서 혐오 표현이란 '소수자에 대한 차별'이라고 할 수 있어. 남성 중심의 사회에서 혐오 표현이 주는 타격감은 여성에게 훨씬 더 클 수밖에 없는 거지. 그런 사회에서 여성 혐오는 여성을 열등한 존재로 차별하는 것을 넘어, 일상 생활에서도 늘 공포감을 안고 살아가게 만들어. 강남역 여성 살해 사건 같은 여성 혐오 범죄가 일어나는 이유를 한번 생각해 봐. 여자 혼자라면 밤길을 두려워하고, 대낮에도 인적 드문 산길을 꺼리잖아. 여자라는 이유로 말이야.

별것도 아닌 걸 혐오니 차별이니 하면서 왜 이렇게 예민하게 구느냐고 타박할 게 아니라, 예민해질 수밖에 없는 현실을 먼저 이해하려고 노력해야 하지 않을까?

여직원, 여교사, 여검사, 여의사 ➡ 직원, 교사, 검사, 의사

직업 앞에 '여'를 붙이는 것은 그 자체로 여성을 부수적인 존재로 보는 대표적인 성차별 언어야. 남성을 주류로 전제하고 여성을 비주류로 만든다는 점에서 주의해야 해.

친가, 외가 ➡ 아버지 본가, 어머니 본가

친가의 '친'은 한자로 친아버지, 친어머니와 같은 친할 친(親)을 써. 결혼한 여자가 자신의 부모가 사는 집을 이를 때도 친정이라고 하잖아. 반면에 외가는 바깥 외(外)를 써. 친가는 나와 혈연관계에 있다는 의미이고, 외가는 그보다 좀 멀게 느껴지는 말이지. 결국 '친가'라는 말은 아버지의 혈족을 중심에 둔 표현이야. 나에게 더 가까운 쪽은 아버지 쪽일까 어머니 쪽일까? '본가'라고 똑같이 불러야 맞지 않을까?

저출산 ➡ 저출생

저출산은 아이를 낳는 '여성'에 초점을 맞춘 단어야. 인구가 줄어드는 것이 아이를 낳지 않는 여자들 탓이라고 생각하게 하지. 임신과 육아는 여성만의 문제가 아니라 부부 사이의 문제야. 아이를 낳아 기르기 힘든 사회에도 책임이 있지. 따라서 아이가 주체가 되는 '저출생'이라는 말로 대체하자.

유모차 ➡ 유아차

유모차는 한자로 젖 유(乳)와 어미 모(母)를 써. 그런데 아이를 돌보는 것은 엄마에게만 주어진 일이 아니야. 게다가 유모차 대신 어린아이를 태운 차를 뜻하는 '유아차'라 바꿔 불러도 전혀 문제가 없지.

처녀작, 처녀비행 ➡ 첫 작품, 첫 비행

'처녀'는 순결한 여성에 빗대어 '처음'이라는 의미를 담게 된 단어야. 여성의 순결을 강조한다는 점에서 엄연한 성차별 표현이지.

여자의 적은 여자라고요?

성적 수치심 ➡ 성적 불쾌감

수치심이란 '부끄러운 마음'이란 뜻이야. 부끄러움은 스스로 무엇인가 떳떳하지 못할 때 느끼는 감정이잖아. 그런데 성범죄 피해자가 왜 부끄러움을 느껴야 할까? 성범죄를 당했을 때 느끼는 감정은 분노, 공포, 불쾌감이지 수치심일 수는 없어. 2022년 법원은 성범죄 가중 처벌 기준에 관한 용어 가운데 '성적 수치심'을 '성적 불쾌감'으로 바꿨어. 피해 사실에 부끄럽고 창피한 마음을 가져야만 할 것처럼 피해자다움에 대한 잘못된 인식을 줄 수 있기 때문이야.

햄최멸,
웃자고 한
말이라고요?

님들은 햄최몇?

우리 반 ○○은 햄버거를 한 번에 4개는 먹을 듯. 맨날 버거킹 갈까 맥도날드 갈까 ㅇㅈㄹ. 확찐자가 된 △△는 얼굴에 악성 바이러스 걸린 것도 모자라 맨날 처묵처묵… 사람인지 ㄱㄹㄹ인지. 그런데 신기한 건 그 몸으로 움직임은 빨라. 완전 날으는 도야지야. 눈은 단춧구멍. 렌즈도 못 껴서 안경 쓰는데 안경테에 가려져서 눈이 안 보여ㅋㅋ

└ ● 여신미모
진짜 몰라서 묻는 건데 ㄱㄹㄹ가 뭔가요?

└ ● 예쁘면용서
고릴라ㅋㅋ

└ ● 막가파
게릴라, 갸르릉 등등ㅋㅋㅋ 고릴라라고 생각하는 사람은 찔려서 자수하는 거임?

└ ● 외모저세상주의
이렇게 말하는 님은 차은우급? 꼭 못생긴 것들이 남의 외모 가지고 뭐라 하더라. 햄버거 사줄 것도 아니면서 뭔 상관?

└ ● 예쁘면용서
외모도 재능임ㅋㅋㅋ 태어날 때부터 머리 좋아서 평생 그 덕 보며 사는 사람 있잖아. 못생긴 사람은 자기 팔자를 탓해야지. 햄최 몇은 나도 그냥 쓰는 말인데? 먹방 자랑하듯 몇 개 먹는지 자랑하는 말 정도로 쓰는 거임.

↳ ● 외모저세상주의

요즘 세상에 외모도 그 사람의 재능일 수 있겠지만 재능 없다고 조롱까지 받아야 함? 이렇게 외모 가지고 ㅈㄹ하니 성형외과가 판치지.

↳ ● 막가파

진지충 납셨네. 웃자고 하는 말에 죽자고 달려드는 사람 보면 정말 답 없음.

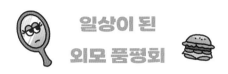

일상이 된 외모 품평회

넷플릭스가 제작한 드라마 중에 〈마스크 걸〉이 있어. 노래도 되고 춤도 되고 몸매도 되는데 딱 얼굴이 안 되는 여자가 주인공이지. 낮에는 평범한 직장인, 밤에는 마스크를 쓴 인기 BJ로 활동해. 그렇게 이중생활을 하다가 살인을 저지르면서 인생이 꼬이는 이야기야. 나중에 성형수술로 얼굴을 완전히 뜯어 고치고 새로운 인생을 살아 보고자 하지만 여전히 인생은 꼬여만 가. 우리 사회의 외모지상주의 문제를 좀 극단적인 이야기로 풀어낸 드라마지. 이 드라마에 많은 사람이 열광한 것은 우리 사회에 퍼져 있는 외모지상주의가 그만큼 심각하다는 것에 공감하기 때문일 거야.

"너는 살만 좀 빼면 정말 예쁠 것 같아."
"너는 쌍꺼풀만 있으면 완전 걸그룹이야."
"넌 외모는 안 되지만 성격은 좋잖아."

우리 사회는 여전히 다른 사람의 외모를 평가하는 말을 쉽게 해. 심지어 대부분은 좋은 의도로 칭찬을 한다고 생각해. 이런 말들이 진짜 칭찬인지 생각해 봐. 칭찬을 가장한 외모 평가 아닐까? 요즘은 아예 대놓고 외모를 조롱하고 비하하는 경우가 많아. 예를 들어 SNS에서 모르는 사람에게도 함부로 외모 품평을 하는 거야. 인터넷 공간에서는 눈에 보이는 이미지로만 소통하다 보니 더 쉽게 다른 사람의 외모를 평가하거든.

인스타그램이나 유튜브가 발달하면서 온라인 환경이 이미지화되는 것도 원인이라고 할 수 있겠지. 인터넷상에서 이렇게 이미지화된 사람들은 인격체보다는 가십거리 대상으로만 여겨져. 그래서 상대방을 이해하고 배려하려는 마음을 갖기 어렵지.

상대방이 자신과 의견이 다른 경우에도 논리적인 비판보다 외모에 대한 조롱으로 응하곤 해. 상대방에 대한 혐오나 반감을 드러내는 가장 편리한 방법이 외모 조롱인 것은 그만큼 우리가 외모를 중요하게 생각한다는 뜻이야. 외모를 자극할 때 상대방이 가장 아파한다는 사실을 모두 공유하고 있는 거니까.

 ## 예쁘고 잘생긴 것도 경쟁력?

요즘은 예쁘고 잘생긴 사람이 더 좋은 대접을 받는다는 사실에 많은 사람이 공감하고 있는 것 같아. 운동이나 예술에 재능이 타고난 사람이 있듯이 외모도 그 사람의 재능이라고 생각하는 거지. 실제로 잘생기고 예쁜 사람이 돈도 더 번다는 연구 결과가 있어. 미국의 경제학자가 쓴 《미인경제학》이란 책에 나오는 내용인데, 얼굴이 평균보다 예쁜 여자가 그렇지 않은 여자보다 12% 더 많은 급여를 받았다고 해.

얼굴도 스펙이라는 뜻의 '페이스펙'이라는 말까지 생겼어. 실제로 95%가 넘는 구직자들이 외모가 중요하다고 답했대. 예전에는 취업 3종 세트라고 해서 학벌, 학점, 토익만 챙기면 됐어. 그런데 이제는 어학연수, 자격증, 공모전 입상, 인턴 경력, 사회봉사와 함께 성형수술이 더해져 취업 9종 세트가 필요하대. 외모가 그만큼 취업에 중요해진 거지.

옛날에는 미모가 타고난 복이니 어쩔 수 없다고 여겼어. 그저 아름다운 외모를 부러워하기만 했지. 그런데 오늘날에는 '의느님'의 도움으로 대변신이 가능해지면서 모두가 멋진 외모를 지향하고 추구하게 되었어. 외모도 노력과 능력의 영역으로 여기기 시작한 거지. 외모지상주의가 퍼지면서 외모에 대한 조롱과 비하도 덩달아 더 심해진 것 같아.

최근 수십 년은 인류 역사상 가장 풍요로운 시기였다고 해. 우리 주변만 둘러봐도 필요한 것들을 언제든지 구할 수 있는 환경에 살고 있잖아. 끊임없는 소비의 힘으로 굴러가는 자본주의 세상에서 더는 소비할 것이 없어진다는 건 심각한 문제야. 그래서 외모지상주의를 부추겼다는 주장도 있어. 사람들이 외모를 중시하게 되면 관련 산업이 새롭게 생겨나고 시장이 넓어질 테니까. 날씬한 몸매 또는 근육질 몸매에 대한 관심이 늘어나면서 헬스, 필라테스, 요가 같은 피트니스 산업이 날이 갈수록 커지고 있잖아. 산업의 발전을 위해 외모에 대한 우리의 열등감을 끊임없이 자극한다는 이야기지.

《미인경제학》에 소개된 미시간대학교 연구팀의 조사를 볼까? 1970년대 미국 여성 중 3%만이 자신의 외모에 '스스로 눈에 띄게 예쁘다'라고 답했대. '그런대로 예쁘다'는 31%, '보통'은 51%, '못생긴 편'이라고 답한 여성은 약 15%였지. 그런데 오늘날 우리나라 여학생을 대상으로 외모 만족도를 조사한 결과를 보면 자신의 외모에 만족하지 못하는 사람이 무려 77%였어. 외모가 별로인 경우는 물론이고 보통이라고 응답한 과거 미국 여성의 경우보다 훨씬 더 많이 자신의 외모에 만족하지 못한다는 거지. 어쩌다 이런 결과가 나왔을까? 우리가 외모에 만족하지 못할수록 이득을 보는 사람들은 누구일지 생각해 봐.

획일화된 미의 기준

　외모에 대한 관심은 인류의 탄생 이래 본능적으로 시작했을 거야. 더 나은 유전자를 후대에 물려주려는 것은 본능이고, 외모는 눈으로 직접 확인할 수 있는 확실한 유전자니까. 그런데 최근에는 사람들이 생각하는 아름다움의 기준이 점점 **획일화**되어 가는 게 문제야. 미국의 작가 나오미 울프는 사진이 발명된 게 그 원인이라고 말해. 사진이 없던 시절에는 아름다움에 대한 기준이 다양했어. 장소와 시대에 따라서도 달랐고 말이야. 한때는 풍만함이 다산의 상징이어서 뚱뚱한 여자가 대접받았지. 미얀마의 파다웅족은 목이 길수록 아름답다고 생각해서 목을 길게 늘이기 위한 놋쇠 고리를 평생 목에 차고 살아가기도 해.

　문제는 사진이 발명되면서야. 사진은 남잖아. 찰나에 찍힌 사진만을 보고 아름다움을 평가하지. 게다가 인터넷으로 전 세계가 연결되면서 아름다움에 대한 비교 대상은 마을을 넘어 온 세상이 되어 버렸어. TV 예능 프로그램에서 자주 하는 이상형 월드컵 알지? 월드컵 대진표처럼 두 대상을 비교하고 또 비교해 나가면서 우승자가 정해지잖아. 사람들이 생각하는 미의 기준도 이렇게 점점 획일화되는 거지.

미얀마의 파다웅족은 다섯 살 때부터 목에 놋쇠 고리를 착용한다.

한 연구 결과에 따르면 아름다움의 기준은 익숙함에서 온다고
해. 이 연구에서는 사람들에게 인물 사진을 빠르게 100장 보여
주고 누가 제일 예뻤는지 묻는 실험을 했어. 그중에는 같은 사람
의 사진이 여러 장 섞여 있었지. 누가 누군지조차 알아볼 수 없을
정도로 사진을 빨리 넘겨서 보여 준 뒤, 누가 가장 예뻤냐고 물으
면 사람들은 여러 번 본 사람의 사진을 선택했대.

자기도 모르는 사이에 익숙해진 사진을 고른 거야. 이것을 심
리학 용어로 '단순 노출 효과'라고 해. 자주 보면 그만큼 예뻐
보인다는 뜻이지. 갓 데뷔한 연예인들을 생각해 봐. TV에서 보
면 볼수록 예쁘고 잘생겨지는 느낌을 받잖아. 물론 '카메라 마

사지'라는 말처럼 외모를 관리하고 자신에게 어울리는 스타일을 찾아서일 수도 있어. 하지만 자주 볼수록 예뻐 보이는 것 또한 사실이야.

2023년 〈인어공주〉의 실사판 영화가 나왔을 때 많은 사람이 주인공의 피부색에 문제를 제기했어. 동화 속 인어공주는 분명 백인인데 흑인 인어공주라니 말도 안 된다면서 말이야. 흑인 배우를 주인공으로 캐스팅한 것은 디즈니 영화사의 지나친 PC주의라는 거지. **PC주의**란 인종, 종교, 성별 등 약자에 대한 편견이 섞인 표현을 삼가자는 정치적 올바름(Political Correctness)을 말해.

분명 시작은 원작 불일치에 대한 지적이었던 것이 점차 인종 문제로 번지더니 주인공의 외모에 대한 비하 발언으로 이어졌어. 영화를 본 사람들은 하나같이 "나의 에리얼을 돌려줘"라며 목소리를 높였지. 결국은 주인공을 맡은 배우가 전형적인 공주의 이미지가 아닌 게 문제이지 않았을까? 흑인 공주에 익숙하지 않았던 거지. 우리가 보아 왔던 동화 속 공주는 늘 백인이었으니까. 실제로 우리는 그동안 백인 위주의 서구 문화를 다양한 매체를 통해 접해 왔어. 그러다 보니 공주 하면 당연히 우리에게 익숙한 백인 이미지를 기준으로 생각했을 거야.

그런데 아름다움에 애당초 기준이 있을 수 있을까? 화려한 장미, 봉긋하게 피어난 색색의 튤립, 가을날 들녘에 핀 노란 들국화

중에 무엇이 더 예쁜지 가릴 기준 말이야. 기준이 없으면 비교할 수도 없어. 억지로 그 기준을 만들어 놓고 끊임없이 비교하는 것은 아닌지 생각해 보았으면 해. 비교하면 할수록 우리는 절대 행복해질 수 없어. 지금 내가 아무리 예뻐도 더 예쁜 사람이 있는 한 만족할 수 없을 테니까. 다른 사람보다 부족하다고 느끼는 상대적 박탈감 속에 갇힐 뿐이지.

《백설공주》에서 마녀는 늘 거울에게 이 세상에서 누가 가장 예쁜지 물어봐. 어쩌면 우리는 마녀처럼 끊임없이 남과 비교하면서 스스로를 불행의 늪에 빠뜨리고 있는 것은 아닐까?

"코끼리는 절대로 생각하지 마."

누군가 이렇게 말했다고 생각해 봐. 코끼리를 절대로 생각하지 않겠다고 다짐하는 순간, 머릿속에 코끼리가 바로 떠오를 거야. 코끼리를 생각하지 않으려면 먼저 코끼리가 뭔지 생각해야 하거든. '코끼리는 생각하지 마'는 미국의 언어학자 조지 레이코프가 쓴 책의 제목이기도 해. 레이코프는 이 현상을 **프레임**이라는 말로 설명했어. 프레임은 틀, 뼈대라는 뜻이잖아. 우리 머릿속에도 이런 생각의 틀이 있다는 거야. 생각의 틀에 한번 갇히면 다른 생각을 하기가 어렵지.

프레임을 만드는 것은 바로 '말'이야. 말은 뱉어지는 순간, 하나의 프레임이 되어서 우리의 사고를 결정해. 코끼리를 생각하지 말라고 했을 때 코끼리를 떠올리는 것처럼 말이야. 그리고 이렇게 프레임에 갇힌 생각들이 우리 머릿속에서 스키마로 굳어져. '스키마'는 우리 머릿속에서 구조화된 지식으로, 배경지식이 되는 생각이야. 우리는 이 스키마를 바탕으로 판단을 내려. 만약 스키마가 잘못된 프레임에 갇혀서 만들어진다면 문제가 되겠지. 그래서 말의 힘이 중요한 거야.

예를 들어 'V라인'이라는 프레임이 씌워지면 우리 머릿속에서는 V라인이 턱선의 기준이 돼. 'S라인' 프레임은 S라인처럼 늘씬한 몸매 기준에 자기를 맞추려고 노력하게 만들지. '역삼각형 몸매'니 '몸짱'이니 하는 말을 듣는 순간, 남학생들은 그런 몸이 자신의 기준이 되어 버리는 거야.

문제는 외모가 아니라 외모에 대한 말들이 우리의 의식을 가두어 버린다는 점이야. 어려서부터 '돼지'라고 놀림을 받던 친구는 늘 자신의 몸에 대해 고민하게 될 거야. 'ㄱㄹㄹ'라고 불린 여자아이도 당장은 웃어넘길지 몰라도 거울을 볼 때마다 그 말이 떠오르겠지. 누군가는 그저 재미로 한 말이었겠지만, 그 말을 들은 사람은 그 말의 프레임에 갇혀 버리는 거야. '햄최몇(햄버거 최대 몇 개까지 먹을 수 있냐)'도 마찬가지야. 생긴 것만 봐도 햄버거 하나로는 성에 안 찰 것 같다는 조롱에 당사자는 평생을 괴로워해.

"고슴도치도 제 새끼는 함함하다고 한다"라는 속담처럼 부모 눈에 자식은 누구보다 예쁘고 소중한 존재야. 늘 예쁘다, 귀엽다는 말을 듣고 자라며 자존감에 '쩔어' 있었지. 그랬던 아이들이 어느 순간 외모에 대해 부정적인 말을 들으면 자기혐오의 프레임에 빠져서 자신을 부정하게 돼. 어려서부터 외모에 대한 조롱을 듣고 자란 아이들은 위축되고 소심해져. 못생긴 걸 못생겼다고 한 거고 그 말에 잠깐 현실을 자각했을 뿐이라고 말하는 사람도 있을 거야. 그런데 학교에서도 TV에서도 온통 외모에 관한 말들이 넘쳐 나고, SNS에서는 예쁘고 멋진 사람들의 사진이 수두룩해. 이런 상황에서 어쩌면 우리는 '현실 자각'을 강요당하고 있는 것은 아닐까?

인스타그램에 올라오는 사진은 대부분 어플을 사용해 보정이 이루어져. 연예인 화보도 그런 보정 과정을 거치고, 영화와 드라마도 조명이나 각종 카메라 기술을 활용해서 실제보다 멋지고 아름답게 편집돼. 우리가 보는 것들은 이렇게 다 보정된 이미지야.

햄최몇, 웃자고 한 말이라고요?

거울로 본 내 모습과 비교하면 애초에 불공평한 게임일 수밖에 없지. 만족스럽지 못한 게 당연해.

그런데 요즘은 그 화풀이를 다른 사람에게 하는 경우가 많아. 자신에 대한 불만을 삭이지 못하고 다른 사람에게 떠넘기는 거지. 이것을 심리학 용어로 '투사'라고 해. 인터넷 댓글에서 다른 사람의 외모를 비하하고 조롱하는 사람들이 대부분 이런 경우야. 다른 사람을 못생겼다고 공격하는 순간, 자신은 거기에 해당하지 않는 것처럼 느껴지거든. 교실에서 재미를 방패 삼아 친구들에게 외모를 조롱하는 아이들의 심리도 마찬가지야. 이런 사람들에게 옛 어른들이 하던 말이 있어.

"너 참 못.났.다."

진짜로 못난 사람은 못생긴 사람이 아니라 사람답지 못한 사람이야. 사람답게 나지 못했으니까 말 그대로 못난 사람인 셈이지.

너 오늘따라 유난히 예쁘다.

➡ 너 오늘 좋은 일 있어? 얼굴이 밝아 보여.

외모 칭찬이더라도 이런 말을 자꾸 듣다 보면 듣는 사람은 외모에 지나치게 의식하게 돼. 다른 사람에게 어떻게 보이는지 신경 쓰게 되고, 스스로를 평가하게 되지. 외적인 조건에 집착하게 되면 결국 자기 자신을 받아들이기 어려워져. 외모보다는 상대방을 있는 그대로 바라보고 존중하는 자세가 필요해.

남자애가 너무 비실비실한 것 아니야?,
코만 좀 높이면 진짜 예쁠 텐데.

➡ 절대 금지!

외모를 이유로 놀리거나 상대방을 평가하고 조언하는 일은 모두 오지랖이야. 자신의 정신적 미성숙함을 드러내는 일이기도 하지. 아무리 좋은 의도로 말했든 상처가 될 수 있음을 잊지 말자.

햄최몟, 웃자고 한 말이라고요?

살찐 것 같아. 다이어트 좀 해야겠어.

➡ 건강을 위해 운동 좀 해야겠어.

팻 토크(fat talk)란 일상에서 자신 또는 다른 사람의 몸매를 소재로 나누는 대화를 말해. 한 연구 결과에 따르면 여성의 약 97%가 일주일에 1회 이상 팻 토크를 한다고 해. 팻 토크를 하는 사람 중에는 마치 《백설공주》 속 마녀가 거울에게 묻는 것처럼 자신의 아름다움을 확인받고 싶어서 일부러 그러는 경우도 있어. 이런 대화는 결국 스스로 날씬해야 한다는 압박감을 부추기고 우울에 빠지는 악순환을 만들어.

어린이는 잼민이,
노인은 틀딱이라고요?

너튜브 속 잼민이 구별법

최근에 잼민이들의 활동 영역이 점점 넓어지고 있다. 너튜브에서도 활발하게 활동하고 있는 잼민이들. 이들을 구별하는 방법을 알아보자. 댓글에서 'ㅋ'을 도배하듯이 마구 쓴다든가, '대박!!!!!!', '뭐임????????'처럼 물음표와 느낌표를 대책 없이 많이 쓴다면 잼민이일 확률이 아주 높다. 물론 이제 막 잼민이에서 탈출했거나 국어 교과서를 베개 삼아 주무시던 급식이일 수도 있다. 그것도 아니면 자기가 신세대인 줄 아는 틀딱일 가능성도 좀 낮은 확률로 존재한다. 자기 할 말을 가리지 않고 실컷 했으면서 뒤늦게 '기분 나쁘셨으면 죄송합니다'라는 사과로 대충 때우고 뭔가 매너 있는 척하는 것도 잼민이들의 특징이다.

└ ● 잼민아님
ㅋㅋㅋㅋㅋㅋㅋ 나 잼민 아님. 고1인 게 정말 다행.

└ ● 어쩔티비
잼민이 구별법 추가. 잼민이들은 꼭 자기가 잼민이 아니라고 함.

└ ● 킹받뜨라쉬
초6까지 잼민이니 초딩이니 하는 소리 들으면 엄청 싫어하다가 중1 되면 초딩 욕하는 게 국룰인데. 이런 글 올리는 걸 보니 중딩인 듯.

└ ● 급식조아

초딩 입장에서 중딩은 거의 틀딱이지. 이런 걸 유머라고 올리는 님은 틀딱!!!!! 기분 나쁘셨으면 죄송합니다.

└ ● 꽁냥꽁냥

자기들도 다 잼민이 시절 있었으면서… 애들은 잼민이, 노인은 틀딱? 젊은 사람만 살라는 건가.

오케이 부머!
오케이 쿠머!

"어른들은 우리에게 정말 로또 같은 존재야."

이 무슨 반갑고 고마운 말인가 싶어서 이유를 물었더니 이렇게 말해. "우리랑 정말 하나도 안 맞으니까요"라고 말이야. 예나 지금이나 신세대와 기성세대는 늘 존재했고, 늘 서로 맞지 않았어. 기성세대는 젊은이들이 버릇없다고 생각하고, 젊은이들은 기성세대가 앞뒤 꽉 막힌 꼰대라고 생각하지. 오죽하면 고대 수메르의 점토판에 '요즘 젊은것들은 버릇이 없다'라는 말이 적혀 있겠어. **세대 갈등**은 어제오늘의 일이 아니야.

그런데 최근의 세대 갈등은 그 정도가 좀 심한 것 같아. 신세대와 기성세대를 나누는 데 그치지 않거든. 어린이, 청소년, 중년, 노년에 이르기까지 모든 세대를 구분하고 혐오와 차별의 덫을 씌워. 잼민이, 급식충, 틀딱… 각각의 세대를 조롱하는 신조어까지 생겨났으니 말이야. 그 갈등의 강도도 점점 심해져서 이제는 아예 소통을 거부하는 지경에 이르렀어.

"네다틀!"

'네, 다음 틀딱'을 줄인 말이야. 듣기 싫은 잔소리를 하는 사람에게 '그만 닥쳐 주세요'라는 의미로 쓴다고 해. 영어권에도 "오케이, 부머(OK, Boomer)"라는 말이 있는데, 이 말 역시 '됐거든요, 꼰대 씨' 같은 의미야. 원래는 SNS에서 유행하다가 2019년 뉴질랜드의 녹색당 의원이 기성세대 의원들의 야유에 "오케이, 부머"라고 해서 화제가 되었지.

부머(Boomer)는 제2차 세계대전 이후부터 1960년대에 태어난 베이비붐 세대를 이르는 말이야. 1970년대 경제 호황기를 거치며 온갖 혜택을 누린 기성세대가 요즘 젊은 세대의 마음을 알기나 하겠느냐는 비난이 담겨 있지. 부머들이 하는 바보 같은 이야기에 일일이 대꾸하고 설명하기 귀찮으니 그냥 무시하겠다는 거야. 이런 말을 듣고 기성세대인 부머들이 가만있을 리 없지. '너희도 닥쳐'라는 말이 자연스럽게 나오지 않겠어?

"오케이, 주머(Ok, Zoomer)."

주머(Zoomer)는 1990년대 후반부터 2000년대 초반 사이에 태어난 Z세대를 부머와 합친 말이야. Z세대는 어릴 때부터 인터넷과 스마트폰을 만지며 자랐지. Z는 알파벳의 마지막 글자니까 20세기의 마지막 세대라는 뜻으로 생각하면 돼.

'부머'든 '주머'든 OK가 붙는 순간, 서로 더는 말을 하지 말자는 의미가 되어 버리니 문제야. 부모님 잔소리를 듣기 싫을 때 했던 말을 생각해 봐. "아, 알았어. 알았다고!"라고 하면서 방문을 꽝 닫고 들어가던 모습이 떠오르지 않아?

현대 사회에서는 왜 세대 갈등이 유난히 심각해지고 있을까? 인류 역사상 늘 존재해 왔던 일이니 어쩔 수 없다고 봐야 하는 걸까?

 ## 세대를 가르는 필터 버블과 에코 체임버

《우리가 싸우는 이유》라는 책에서는 오늘날 우리가 겪고 있는 문제가 세대 갈등이 아니라 '시대 충돌'이라고 이야기해. 서구 선진국들이 250년에 걸쳐 이룬 성장을 우리나라는 70년이라는 짧은 시간에 이루어 냈지. 그러다 보니 동시에 존재하기 어려운 가치관과 경험, 사고방식 등이 어우러진 시대에 우리는 살고 있어. 갈등이 커질 수밖에 없다는 거지. 모든 세대가 같은 시대를 살고 있지만, 각자의 경험이나 가치관이 다 다르니까.

그리고 세대 갈등의 또 한 가지 결정적인 이유로 4차 산업혁명이 일으킨 디지털 세상을 지목해. 디지털 기술의 발전으로 오늘날 사람들은 각종 온라인 커뮤니티, 소셜 플랫폼 속에서 살아가고 있어. 그런데 이 플랫폼들은 사람들을 자기네 공간에 오래 붙들어 놓기 위해서 알고리즘을 활용해 그 사람의 취향과 관심사에 맞는 정보를 쏟아 내. 이런 알고리즘과 어우러져 형성된 필터 버블과 에코 체임버가 갈등을 불러일으키는 중요한 요인이라는 거지.

'필터 버블'이란 이용자의 관심사에 맞춰 걸러 낸 정보가 마치 거품(버블)처럼 이용자를 가둬 버리는 현상을 말해. 인터넷에 어떤 단어를 한번 검색하면 관련된 정보나 광고가 계속 뜬 경험이 있을 거야. 흔히 말하는 알고리즘에 따라 정보가 제공되는 거지. 그러다 보니 나와 비슷한 입장을 가진 정보만 보이고 반대되는 입장은 아예 읽기가 힘들어져. 일부러 찾아보지 않는 한은 말이야. 결국 확증편향에 빠질 가능성이 높아지게 돼. 확증편향이란 자신의 생각과 일치하는 정보는 받아들이고 그렇지 않은 정보는 무시하는 태도야. 쉽게 말해서 자기가 보고 싶은 것만 보는 거지.

'에코 체임버'는 소셜 미디어에서 자신과 생각이 비슷한 사람들하고만 소통하며 치우친 생각을 더욱 강화하는 현상을 말해. 에코 체임버는 원래 인공적으로 메아리를 만들어 내는 방이야. 노래방처럼 소리가 잘 울리도록 만든 공간이지. 이곳에서 소리를 내면 메아리가 되어 그대로 돌아오는 것처럼, 나와 의견이 같은 사람들의 이야기만 계속 듣는다고 생각해 봐. 필터 버블과 마찬

어린이는 잼민이, 노인은 틀딱이라고요?

가지로 한 가지 생각에 빠질 수밖에 없겠지?

요즘 사람들은 나이 또는 성별에 따라서 주로 사용하는 소셜 플랫폼과 온라인 커뮤니티가 다 달라. 한마디로 각자 노는 물이 다른 거지. 그러다 보니 다른 세대, 다른 부류의 생각에 대해서 들으려고 하지 않고 들을 기회도 없어. 자기가 원래 가지고 있던 생각에만 빠져서 판단하고 말하게 되는 거야. 당연히 소통은커녕 그 안에서 서로에 대한 혐오와 조롱만 커지지 않겠어?

미국의 저널리스트 빌 비숍이 쓴《거대한 분리(The Big Sort)》라는 책이 있어. 이 책에서 미국은 정치 이념과 지지 정당에 따라 나뉜 사람들이 서로에 대한 적대감과 혐오가 너무 커진 결과, 아예 물리적으로 사는 곳 자체가 분리되었다는 지적이 나와.《우리가 싸우는 이유》를 보면 우리나라의 경우, 디지털 세상에서 거대한 분리가 일어나고 있다고 해. 엑셀 프로그램에서 어떤 기준을 가지고 대상을 정렬하는 기능처럼, 우리 사회가 어떤 온라인 커뮤니티에 있느냐에 따라 사람들을 분류(sort)한다는 거지.

애초에 경험도 다르고 생각도 다른 세대가 디지털 세상에서 비슷한 사람들끼리만 소통하다 보니 서로를 이해하기는 점점 어려워져. 옛날에는 대가족을 이루며 사는 집이 대부분이었어. 농촌 공동체라는 문화적 배경 아래서 좋든 싫든 여러 세대가 어울려 살았지. 하지만 오늘날 사회는 점점 개인화되고 있잖아. 억지로 불편한 소통을 참고 이어 갈 필요가 없지. 이런 상황에서는 세대 사이의 벽이 점점 높아질 수밖에 없을 거야.

게다가 경제 호황기에는 그나마 조금만 참고 견디면 기성세대처럼 안정된 삶을 누릴 수 있으리라는 믿음이 있었어. 그런데 오늘날 같은 저성장기에 젊은 세대는 그런 희망도 점점 사라지고 있어. 화풀이 대상은 고스란히 다른 세대로 향할 수밖에 없을 거야. 그런 적대감을 '유머'로 적당히 포장해서 다른 세대를 조롱하는 말을 하나둘씩 만들어 가고 있는 것은 아닐까?

 우리 모두의 노인 차별

나이를 가지고 다른 사람을 차별하는 것을 **연령 차별**이라고 해. 영어로는 에이지즘(ageism)이라고 하지. 1969년 미국의 노인의학 전문의였던 로버트 버틀러가 만든 말이야. 원래는 노인에 대한 편견이나 비난을 당연시하던 사회적 분위기를 비판하는 말이었어. 최근에는 나이에 근거한 고정관념이나 특정 연령을 배척하는 행위를 통틀어 이르는 말로 쓰여. 연령 차별이 주로 노인을 대상으로 이루어진다고 생각하겠지만 실은 그렇지 않아.

"어린 것이 어딜? 어린 것이 뭘 안다고!"

이런 말을 수도 없이 들어 봤을 거야. 어리면 어리다고 나이 때문에 차별을 받는 거지. "요즘 어린 것들은 싸가지가 없어"라는 말은 어때? 이런 선입견을 가진 어른들을 만났을 때 기분을 떠올려 봐. 어리다는 이유로 또는 나이가 많다는 이유로 우리는 다양한 차별을 경험하고 있어.

성별, 인종에 따라 차별받지 않을 권리가 있듯이 나이 때문에 차별받아선 당연히 안 돼. 그런데 성별이나 인종에 대한 차별은 오랫동안 사회적 이슈가 되어 왔기 때문에 어느 정도 인식하고 있는 반면, 연령 차별은 그렇지 않은 것 같아. 어쩌면 나이에 대한 차별을 조금은 당연한 것으로 여기고 있었는지도 모르겠어.

서구 사회에서는 20세기 중반쯤 유난히 연령 차별이 두드러지기 시작했다고 해. 젊은이들이 기득권에 저항하는 것은 어느 시대에나 있었지만, 20세기 중반에 새롭게 등장한 젊은이들은 기성세대에 대한 불신이 특히 강했거든. 이른바 '틴에이저'라 불리는 그들은 늙는 것은 나쁜 일이니 사회가 젊은이들을 누구보다 가치 있게 생각해야 한다고 주장했어. 자신들도 언젠가는 늙을 것을 미처 생각지 못하고 말이지.

어느 순간 젊음에 집착하고 늙음을 거부하는 문화가 현대 사회의 신념이 되어 버렸어. 젊은 외모를 유지하기 위해 30대에 미리 성형을 받는 사람이 많아지고, '안티에이징'이라고 써붙인 제품들이 불티나게 팔려 나가는 걸 봐. 자연스럽게 노화는 추한 것이고, 하나의 질병처럼 여겨지면서 혐오의 대상이 되고 있지. '안티에이징'이라는 말 자체가 노화를 막는다는 뜻이잖아. 나이 드는 것 자체를 부정적인 것으로 전제해야 성립하는 말이야.

요새는 '틀딱'이라는 말까지 생겼어. 틀니를 딱딱거리며 고리타분한 생각을 쏟아 놓는 사람을 가리키지. 원래는 틀니를 낀 노인을 조롱하던 말이었는데, 이제는 나이와 관계없이 다양한 상황에서 널리 쓰이고 있어. 꼰대보다 소통하기 더 힘든 사람이라는 뜻으로 말이야.

나이 들어서 이가 빠지는 것은 자연스러운 일이야. 이가 죄다 빠져서 틀니를 하는 것도 어쩔 수 없는 현상이고. 아, 물론 요즘은 의술의 발전으로 인공 치아를 심다 보니 정작 틀니를 쓰는 노인은 줄고 있지만 말이야. 그런데도 '틀딱'이라는 말로 이가 다 빠진 노인의 모습을 조롱하는 것이 얼마나 무지막지한 일인지 생각해 봐. 노인을 콕 짚어 조롱한 게 아니라 그저 고리타분한 사람을 두고 한 말이라고? 재밌자고 하는 말 아니냐고? 사람은 누구나 늙어. 이런 말들은 고스란히 나에게 되돌아온다는 것을 잊지 마.

나이가 들면 청력이 떨어져. 그래서 자기도 모르게 목소리가 커질 수밖에 없어. '할매미'라는 말이 바로 여기서 나왔어. 크고 시끄럽게 이야기한다는 뜻이지. '할매'는 '할머니'의 경상도 사투리인데 '매' 때문에 여름철 시끄럽게 우는 매미가 떠오르나 봐. 노인 중에서도 할머니가 시끄럽다고 말한다는 점에서 연령 차별과 더불어 여성 차별까지 하는 거지.

'연금충'이라는 말도 문제야. 은퇴 후에 연금을 받으며 생활하는 노인을 부르는 말인데, 굳이 뒤에 벌레를 뜻하는 '충' 자를 붙였지. 연금은 젊은 시절 열심히 일한 대가로 정당하게 받는 돈이고, 경제적 능력이 없는 노년층을 위해 국가가 제공하는 최소한의 안전망이야. 그런데 '연금충'이라고 하는 순간, 노인은 마치 놀고 먹으며 세금만 축내는 쓸모없는 사람 같아져. 한 아이의 엄마에게는 '맘충', 급식을 먹는 학생에게는 '급식충', 한국 남성에게는 '한남충'… 무엇이든 벌레로 만들어 버리는 못된 방법을 여기서도 써먹는 거지. 틀딱으로 성이 차지 않으면 '틀딱충'이라고도 해.

세계적인 저성장으로 청년들의 삶은 갈수록 어려워지고, 우리 사회는 점점 **고령화**되고 있어. 고령 인구를 부양해야 하는 부담이 고스란히 젊은 세대로 이어지면서, 노인을 향한 거부감이 커지고 있는 것 같아. 출생률은 줄고 수명은 늘어나면서 전통적인 인구 구조가 변하는 현상은 세계적인 추세야. 이 때문에 발생하는 여러 사회 문제는 우리 사회가 함께 풀어 가야 할 숙제지. 하지만 이런 세대 갈등으로는 어떤 해답도 찾지 못할 거야.

2015년 2월 23일, 미국의 시사 주간지 〈타임〉의 표지는 "이 아기는 142세까지 살 수 있습니다"라는 문장과 함께 그해 태어난 한 아기의 사진이 장식했어. 노화 억제 기능이 있는 라파마이신(rapamycin)이라는 약물을 복용하면, 인간의 수명을 142세까지 늘릴 수 있다는 기사 때문이었지. 60세가 넘으면 은퇴를 고민해야 하는 지금 같은 상황에서 이런 초초고령화 사회를 살아가야 하는 우리의 미래를 생각해 봐. 노인의 정의도, 노인에 대한 인식도 달라져야겠지?

 잼민이는 못 말려?

'초딩'의 의미가 진짜 초등학생에서 미숙한 사람으로 확대되면서 요즘은 '잼민이'라는 말도 많이 써. 잼민이는 한 인터넷 방송에서 BJ에게 일정 금액을 지불할 때, 재민이라는 남자아이의 목소리가 나오는 데서 유래했다고 해. 인공지능으로 만든 목소리였지만 그럴싸해서 재미있다는 반응이 쏟아졌고, '잼(재미)'과 '재민이'를 합친 신조어가 만들어졌지. 잼민이도 처음에는 그냥 초등학생

어린이는 잼민이, 노인은 틀딱이라고요?

을 뜻하는 말이었어. 그러다가 어린 것을 무기로 개념 없고 예의 없이 구는 초등학생이라는 의미가 되었어. 이제는 아예 초등학생을 조롱하는 말로 자리 잡았지.

원래 초등학교를 다니는 아이들을 이르는 공식적인 말로는 어린이가 있어. '어린이'는 1920년대에 방정환 선생이 아이들을 인격체로 대우하자고 해서 생겨난 말이야. 그런데 요즘은 미숙한 사람들을 죄다 어린이에 비유하잖아. 헬스를 처음 시작하는 사람은 '헬린이', 요리를 이제 막 배우는 사람은 '요린이'라고 하지. 뭐든 처음 시작하는 분야에 무조건 '린이'만 붙이면 돼. 아예 '초보자'라는 말을 대체할 기세로 여기저기 쓰이고 있어.

어린이는 원래 미성숙하기 때문에 늘 뭔가를 가르쳐 줘야 하는 존재인데 뭐가 문제냐고 따지는 사람들도 있어. 그저 '초보자'라는 말을 좀 재미있게 표현했을 뿐이라는 거지. 사람들 대부분이 이미 '어린이'가 아닌 '초보자'라는 뜻으로 이해하며 쓰고 있는데 너무 예민한 거 아니냐는 거야.

그런데 어떤 대상을 가리키는 말이 그 뜻을 넘어서 좋지 않은 비유로 사용된다면, 그 말의 원래 주인은 기분이 좋을까? 내 이름이 내가 아닌 내 특징 중 하나를 비유하는 말로 다른 대상에게 마구 쓰인다면 어떨 것 같아? 예를 들어 말하기 좋아하는 영수라는 친구가 있다고 쳐 봐. 수업 시간에 쓸데없이 떠드는 사람을 두고,

반 친구들이 "영수 같다"라고 놀리기 시작해. 그러다가 어느샌가 '영수'라는 말이 '눈치 없이 말하는 사람'이라는 뜻으로 바뀌어 버려. 다른 친구들은 재밌어하겠지만, 진짜 영수의 기분은 좋지 않을 거야.

'○린이' 같은 말도 마찬가지야. 처음에는 어떤 일을 처음 시작해 미숙한 사람이라는 뜻으로 초보자에게만 쓰겠지만, 결국 원래 주인인 어린이를 향할 수밖에 없어. 그렇게 어린이는 무언가 미숙한 존재라는 **고정관념**으로 굳어지는 거지.

'어리다'의 어원에 '어리석다'라는 의미가 있긴 해. 15세기 세종대왕님이 쓴 《훈민정음》 서문에 '어린 백성'이라는 말이 나오거든. 이때는 '어리다'가 '어리석다'라는 뜻을 가지고 있었어. 하지만 오늘날 '어리다'는 '나이가 적다'로 의미가 완전히 바뀐 말이야. 물론 나이가 적다 보면 어딘지 서툴고, 배움이 필요할 수는 있어. 그렇다고 어린이라는 대상을 가리키는 말에 굳이 '미숙하다'라는 의미를 더해야 할까? 어린이의 여러 좋은 특성을 다 놔두고 말이야. 이런 말들은 어린이에게 좋지 않은 고정관념을 심어 주게 돼. 고정관념이 쌓이면 조롱과 비하가 잇따르고, 조롱과 비하는 다시 차별과 혐오로 이어질 수밖에 없지.

우리 사회에서 여전히 논란이 되고 있는 노 키즈 존을 생각해 봐. 노 키즈 존은 어린이의 입장을 금지하는 공간으로 식당, 카페,

미국 휴스턴의 한 행사장에서 마련한 어린이를 위한 공간. 우리나라의 노 키즈 존과 대비된다.

전시회 등 다양해. 노 키즈 존을 찬성하는 사람들은 어린아이들이 시끄럽고 성가신 존재라는 고정관념에서 그런 주장을 펼치는 거잖아. 세계 최고의 인구 소멸 국가인 우리나라에서 아이 한 명한 명이 얼마나 소중한데, 이렇게 귀한 어린이의 자존감을 짓밟는 말을 해서야 될까?

최근에는 65세 이상 노인의 출입을 막는 노 시니어 존도 생겨나고 있다고 해. 틀딱이니 할매미니 하는 말들에서 볼 수 있듯이 노인에 대한 부정적인 고정관념으로 나타나는 사회현상이 아닐까 싶어. 어떤 대상을 부정적인 이미지로 소비하며 조롱하는 말들은 결국 그 대상을 향한 차별과 혐오로 이어진다는 사실을 잊지 말았으면 좋겠어.

○린이 ➡ 초보자, 초심자, 입문자

무엇인가 처음 시작해서 서툰 사람을 '○린이'라고 곧잘 불러. 요리, 등산 등 뭐든 갖다 붙이기 좋고 재미도 있는 말이라 안 쓰기 쉽지 않지. '요리 초보', '등산 입문자'처럼 이제부터라도 되도록 다른 말로 바꿔 써보자.

잼민이 ➡ 초등학생

잼민이는 초등학생뿐 아니라 미성숙한 성인을 헐뜯거나 무례하고 어리숙한 행동을 하는 사람을 조롱할 때도 써. 그러다 보니 초등학생 하면 우리 머릿속에 개념 없고 어리석다는 생각이 먼저 떠올라. 나도 모르게 초등학생을 무시하게 되지. 조롱할 때는 물론이고 단순하게 초등학생을 가리킬 때도 쓰지 말자. '초등학생'이란 말로 이미 충분하잖아.

어린이는 잼민이, 노인은 틀딱이라고요?

어린 게 뭘 안다고 그래?

➡ 네 생각은 알겠어. 함께 다시 생각해 보면 어떨까?

나이가 어리다고 무조건 모른다는 편견은 버려야 해. 누군가 내게 이런 말을 하면 당연히 반항심이 들 거야. 마찬가지로 나보다 더 어린 사람에게 이런 말을 하지는 않았는지 되돌아보자. 다른 사람의 생각이나 판단의 옳고 그름을 '나이'로 판단하는 사람이야말로 미숙한 존재야.

어서 숙제나 해!

➡ 이제 숙제를 해보자, 숙제를 하면 좋겠는데 네 생각은 어때?

자기보다 어리다고 무조건 반말하고 명령조로 말하는 어른을 보면 무슨 생각이 들어? 어리다는 이유로 낮추어 대하고 명령하듯 말하지 말자. 존중받고 싶은 마음은 어린이나 어른이나 똑같아.

안티에이징 ➡ 탄력 개선, 탄력 강화

안티(anti)는 영어로 '~에 반대하는'이라는 뜻이야. 우리가 반대하는 대상치고 긍정적인 것이 있을까? 안티에이징은 '늙음'을 예방하고 치료해야 하는 질병처럼 부정적인 이미지로 굳어지게 해. 피부의 탄력을 올려 주는 것이니 '탄력 개선', '탄력 강화'라고 하자.

임대아파트 살면
임거라고요?

이제 임거, 휴거랑 동급이야… 살기 힘들다

우리 반에 임거가 둘, 엘사가 셋이야. 건너편 임대아파트 사는 애들인데 같은 모둠만 아니었으면 좋겠어. 옆 반 민주는 맨날 아이폰 자랑하고 있는 척하더니 기생수였어. 또 누구는 휴거라고 애들이 뒤에서 수군대는데 엄빠 땜에 나도 하루아침에 개근거지 됨. 요즘은 죄다 해외여행 가려고 체험학습 쓰는데 엄빠는 휴가 못 낸대. 졸지에 임거, 휴거 애들하고 동급으로 떨어짐ㅠㅠ 엄마한테 투덜거렸더니 SKY 가려면 학원 빠지지 말래. 지잡대 가면 평생 알바나 하면서 비정규직으로 살아야 하니까 공부나 열심히 하라는 거 있지.

└ ● 앙금수저
그래도 어른들 말이 진리 그 잡채. 끼리끼리 어울린다고 친구도 비슷하게 사귀어야 하는 거야.

└ ● 말이야장구야
중고딩에 초딩까지 집안 경제력으로 친구를 가린다는 게 말이 됨? 자기가 잘나서 잘사는 것도 아니고, 못나서 못사는 것도 아닌데. 운 좋게 좀 있는 집에서 태어났다고 있는 척한다? 그건 못 봐줌.

└ ● 나만수르아들
공부 잘하는 것도 어느 정도 타고나는 거지만 그 사람 능력으로 봐주잖아. 부모의 경제력도 능력으로 쳐줘야 하는 거 아냐? 연예인들도 타고난 얼굴과 끼로 먹고사는데 경제력 있는 부모를 만난 것도 그 사람의 능력 아닐까?

└ 말이야장구야

타고난 재능이나 환경을 있는 그대로 인정하는 거랑 그걸 이유로 다른 사람을 무시하고 조롱하는 거는 다른 문제 아님?

금수저가 네 것이냐?
은수저가 네 것이냐?

☐ 세뱃돈을 100만 원 넘게 받아 봤다.

☐ 집에 화장실이 3개 이상이다.

☐ 부모님 명의로 된 건물이 있다.

☐ 사립 초등학교 출신이다.

☐ 학원비나 과외비가 한 달에 200만 원 넘게 든다.

☐ 가족이 함께 골프, 승마 같은 취미를 즐긴다.

☐ 집에 차가 3대 이상이다.

한때 유행했던 금수저 빙고 판에 나오는 말들이야. 과연 나는 어떤 수저를 물고 태어났을까? 금수저, 은수저, 동수저에서 시작한 수저계급론은 흙수저로 내려가더니 아예 수저가 없는 무수저까지 나왔어. 물론 수저계급론은 위로도 거침없이 올라가고 있지. 플래티넘 수저, 다이아몬드 수저라고 들어 봤을 거야.

요즘 젊은 세대는 개인이 아무리 노력해도 부모 잘 만난 사람을 이길 수 없다고 많이 생각하는 것 같아. 부모의 경제력이 자식의 운명을 결정한다는 수저계급론이 유행한 이유지. 옛날에 서양에서는 귀족으로 태어난 아기를 두고 '은수저를 물고 태어났다'

1874년 미국의 주간지에 실린 그림. 은수저를 쓰는 상류층(왼쪽), 나무수저를 쓰는 서민층(오른쪽), 수저조차 없는 빈곤층(가운데)을 비교했다.

라는 말을 썼대. 당시에는 귀족만 값비싼 은식기를 사용할 수 있었거든. 수저계급론은 여기서 유래한 말이라고 해.

태어날 때부터 신분이 정해졌던 옛날처럼, 요즘은 태어나면서부터 부모의 경제력에 따라 계급이 나뉘는 새로운 **계급 사회**야. 경기가 좋았던 1980년대까지는 개인의 노력에 따라 계층 이동이 자유로웠고, 적어도 부모 세대보다 자식 세대가 더 잘살 거라는 믿음이 있었어. 그런데 오늘날 젊은 세대는 훨씬 치열하게 경쟁해야 하면서도, 부모 세대보다 잘살기 어려운 첫 번째 세대라고 해.

우리나라에서 평범한 사람이 부자가 되는 가장 손쉬운 방법이 뭔지 알아? 바로 부동산이야. 많은 사람이 현재 이룬 부를 자기가 열심히 노력하고 일한 대가라고 말해. 하지만 부동산 투자로 돈을 번 경우가 훨씬 많아. 그러다 보니 인간의 기본권에 속하는 의식주 중에서 '주', 바로 집의 의미가 조금 달라진 것 같아. 우리가 편안히 쉴 수 있는 공간이 아니라 그 사람의 경제력을 증명하는 도구가 되어 버렸거든.

어른들은 어떤 집에 사는지를 몹시 중요하게 생각하고 더 나은 집에 살고 싶어 해. 어디에 사는지, 어떤 집에 사는지가 인생의 성공 여부를 말해 주니까. 문제는 더 나은 곳으로 가려는 열망이 크면 클수록, 그것이 현실적으로 어려우면 어려울수록 상대적으로 그렇지 못한 곳이 더 싫어진다는 거야. 지금까지 이룬 성취를 어떻게든 과시함으로써 더 나은 곳에 이르지 못한 열등감을 해소하고 싶은 마음이 들어. 자기보다 못하다고 여기는 대상을 비하해 자기만족을 얻는 거지.

어른들은 무의식중에 이런 생각을 드러내고, 이것은 고스란히 아이들에게 전해져. 요즘은 초등학생조차 임대아파트, 빌라 등 사는 집을 가지고 친구를 차별하고 놀리지. 어디 사는 곳뿐일까? 기초생활수급자를 줄여 '기생수'라고 부른대. 어쩌다 태어나 보니 아빠가 왕족에 석유 부자인 만수르라면 얼마나 좋을까? 하지만 아빠가 만수르라고 해서 친구를 놀릴 권리는 없어. 당연하게도 말이야.

맹모삼천지교(孟母三遷之敎)란 말은 들어 봤지? '맹자의 어머니가 세 번 이사하며 아들을 가르침'이라는 뜻이야. 맹자는 어렸을 때 묘지 근처에 살았대. 그래서인지 맹자는 매번 장례식 놀이를 하거나 곡소리를 흉내 내며 놀았어. 맹자의 어머니는 묘지 근처가 아이를 키우기에 좋지 않다고 생각해서 시장 근처로 이사를 갔어. 그랬더니 이번에는 매일 물건을 사고파는 놀이를 하더래. 안 되겠다고 생각한 어머니는 맹자를 데리고 서당 근처로 이사를 갔지.

이 이야기의 결말은 뻔하지? 열심히 공부한 맹자는 "공자 왈 맹자 왈"의 그 유명한 학자가 되었어. 자식의 교육을 위해 최선을 다하는 어머니의 상징 같은 이야기이자 환경이 얼마나 중요한지 알려 주는 이야기야. 그런데 이 이야기가 오늘날에 와서는 자녀 교육을 위해서라면 무엇이든 하는 열혈 엄마들의 롤 모델이 된 것 같아. 어떤 환경에서 자라느냐에 따라 삶이 달라질 수 있다는 교훈을 주던 맹모삼천지교가 어느 순간, 성공하기 위해서는 반드시 서당 옆에 살아야 한다는 이야기로 변해 버렸거든.

글공부가 신분 상승을 위한 유일한 방법이던 시절에야 서당 옆에 사는 게 도움이 되었을 거야. 하지만 요즘 같은 자본주의 사회에서도 과연 그럴까? 시장 옆에 살면서 어릴 때부터 경제관념을 키우는 게 오히려 인생을 사는 데 더 큰 도움이 되지 않을까? 우리나라 최고의 탁구 스타 신유빈 선수의 아버지는 탁구장을 운영했대. 매일 탁구장에서 놀다 보니 신유빈 선수는 어려서부터 탁구에 재능이 있다는 것을 알게 되었어. 신유빈 선수에게는 탁구장이 최고의 환경이었던 거지. 사람마다 재능이 다르고 꿈이 다르니 콕 집어서 어떤 환경이 제일 좋다고 말할 수는 없어.

우리나라 사람들에게 아이를 키우기에 가장 좋은 곳이 어디냐고 물으면 바로 강남이라는 대답이 나와. 강남 중에서도 대치동이라는 동네가 가장 유명하지. 우리나라의 수많은 열혈 엄마가 꿈꾸는 곳이기도 해. 옛날로 따지면 내로라하는 서당인 유명 학원이 다 그 동네에 몰려 있으니 말이야. 그래서 이런 곳은 집값도 비싸. 수요가 많을수록 가격이 올라가니 그야말로 하늘 높은 줄 모르고 집값이 치솟고 있지. 자녀 교육에 대한 욕구 충족은 물론이요, 부동산 투자로도 이만한 곳이 없으니 이런 추세는 앞으로도 쭉 계속될 거야.

강남에 입성하기란 당연히 보통 사람에게 쉬운 일은 아니야. 그러다 보니 강남을 대체할 수 있는 곳이 뜨고, 또 그다음 대체지가 나오는 거야. 그렇게 좀 더 나은 곳, 비싼 곳으로 이사하려는 욕구가 커져서 '상급지'라는 개념이 생겼어. 그야말로 상급지를 향해 세 번의 이사를 하고도 남는 거지.

사실 집은 내가 생활하기 편하면 그만이잖아. 그런데 우리는 언제부턴가 우리가 사는 곳을 이렇게 **서열화**하고 있어. 힘들게 상급지로 이동한 것에 대한 보상심리 때문일까? 상급지라고 부르는 곳에 사는 사람들은 그렇지 못한 사람들을 은근히 무시하곤 해. 상급지라는 것도 결국 영원하지 않은데 말이야. 금도끼를 가졌다고 아무리 거들먹거려 봤자 다이아몬드로 만든 도끼 앞에서는 어때? 번데기 앞에서 주름잡는 꼴이 되어 버리잖아.

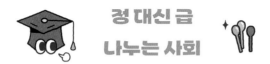

정 대신급
나누는 사회

상급지에 대한 열망은 사는 지역을 두고 서열을 나누는 것에 그치지 않아. 같은 지역 안에서도 좋은 아파트에 사는 사람과 그

임대아파트 살면 임거라고요?

보다 덜 좋은 아파트에 사는 사람을 구별하거든. 그다음은 아파트가 아닌 빌라에 사는 사람들, 집을 사지 않고 전세나 월세로 사는 사람들을 구분하는 거야. 나보다 상급지에 사는 사람들이 나를 무시하니 나도 나보다 못한 곳에 사는 사람들을 무시하지. 그럴수록 거주지 서열화는 더욱 공고해져. 사람 심리라는 게 참 이상하지? 많은 사람이 '자기보다 못한 사람'을 정해 놓고 그런 무시를 되풀이하잖아. 되지도 않는 무시를 일삼는 사람을 비난하는 게 맞을 텐데 말이야.

같은 동네 안에서도 서열이 생겨. 예를 들어 임대아파트 아이들이 자기네 아파트 놀이터에 와서 놀지 못하게 하는 거야. 자기네 아파트를 가로질러 학교에 가는 꼴을 볼 수 없다며 담장을 두르는 곳도 있다는 기사가 이제는 낯설지 않아. 앞에서 말한 '거대한 분리'가 여기서도 일어나는 거지.

사는 곳이 임대아파트면 '임거', 빌라면 '빌거', 전셋집이면 '전거', 월셋집이면 '월거'라고 부른다고 해. 거지의 뜻을 사전에서 찾아보면 "남에게 빌어먹고 사는 사람" 또는 "사람을 욕하여 이르는 말"이라고 나와 있어. 일상에서는 주로 욕설의 의미로 쓰여. 질이 낮은 사람이나 물건을 가리킬 때 '거지 같다'라는 말을 하잖아. 거지라는 말 자체가 비하와 조롱을 넘어 혐오의 의미로 쓰이는 거지.

최근에는 코로나19로 막혔던 해외여행이 늘어나면서 '개근거지'라는 말도 생겼대. 학기 중에 해외여행을 가기 위해 체험학습을 신청하지 않는, 그래서 빠짐없이 학교에 나오는 아이들을 이르는 말이라고 해. 개근의 이유가 해외여행도 못 갈 정도로 가난해서일 테니 거지라는 거야. 이 말을 들은 부모들은 얼마나 속상할까? 자기 아이가 기죽을까 봐 부랴부랴 비행기표를 끊는다고 하니 웃지 못할 현실이지.

'근묵자흑(近墨者黑)', '근주자적(近朱者赤)'이라는 좀 어려운 말이 있어. 먹을 가까이하면 검어지고, 인주를 가까이하면 붉어진다는 뜻이야. 어째서 좋은 친구를 곁에 두어야 하는지 일러 주는 참 좋은 말이지. 그런데 요즘은 이 말이 좀 다르게 쓰이는 것 같아. 품성이 바른 친구를 사귀라는 의미였던 근묵자흑, 근주자적이 가정 형편이 비슷한 아이들끼리 어울려야 한다는 말의 근거로 사용되고 있으니 말이야.

'유유상종(類類相從)'은 비슷한 사람들끼리 어울린다는 사자성어야. 주로 부정적인 의미로 쓰이지. 품성은 무시하고 아파트 평수로만 친구의 가치를 따지는 사람들에게 이렇게 말하고 싶어.

"유유상종이라더니, 정말 끼리끼리 놀고 있네."

임대아파트 살면 임거라고요?

모든 것은 능력에 달렸다?

우리나라에서 대학끼리 벌이는 경기 중 가장 유명한 것이 연고전(고연전)이야. 해마다 연세대학교와 고려대학교에서 번갈아 가며 여는 친선 경기지. 일반인에게도 잘 알려져 있다 보니 학생들의 자부심이 엄청 커. 그런데 이 대회와 관련해서 연세대학교 신촌 캠퍼스의 한 재학생이 대학생 커뮤니티에 '원세대, 조려대'라는 제목으로 글을 올려서 문제가 된 적이 있어. '원세대'와 '조려대'는 각각 원주와 조치원에 있는 두 대학교의 지방 캠퍼스를 낮

2014년 연세대학교와 고려대학교의 농구 경기 모습

잡아 부르는 말이야.

이 학생은 지방 캠퍼스의 학생들을 조롱하는가 하면, '짝퉁'이라는 말로 깎아내렸어. 연고전 와서 사진 찍고 인스타그램에 올린다고 정품이 되겠느냐며 말이야. 고려대학교 익명 게시판에도 비슷한 글이 올라왔지. 지방에서 왜 꾸역꾸역 서울로 올라오는지 모르겠다는 내용이었어.

이런 비하 발언에 당연히 많은 학생이 비난하는 댓글을 달았어. 그런데 옹호하는 댓글도 의외로 많았어. 분교는 본교와 입학 성적부터 다르기 때문에 다른 학교나 마찬가지며, 입시 결과가 낮은데도 본교와 같은 대우를 받는다면 그것은 본교생에 대한 역차별이라는 거지. 열심히 공부한 대가로 자신이 원하는 학교에 들어왔는데, 자기보다 낮은 성적으로 들어온 사람들이 같은 대접을 받는 것은 부당하다고 보는 거야. 어때? 일리가 있다고 생각해?

《한국의 능력주의》라는 책을 보면 우리나라 학생들은 능력에 따라 서로 다른 대접을 받는 것을 당연하게 생각한다고 해. 저마다 능력에 맞는 대접을 받아야 하는 것은 그렇다고 치자. 문제는 학생들이 생각하는 능력의 기준이 수능 점수라는 점이야. 수능에서 더 높은 점수를 받는 것이 곧 더 나은 능력을 증명한다고 보는 거지. 그래서 수능 점수가 높은 사람이 낮은 사람을 깔보고 업신여겨도 이상하지 않아. 자신이 성적을 이유로 무시당해도 그 상황을 문제라고 여기는 대신, 자기보다 더 낮은 위치에 있는 학생을 멸시하는 것으로 앙갚음해. 사는 곳을 두고 사람을 차별하던 어른들을 그대로 닮아 가는 거지.

능력주의란 오로지 능력으로만 사람을 평가하는 태도야. 그런데 이 능력주의를 맹신하게 되면 차별은 자연스러운 것이 돼. 자신보다 못한 처지에 있는 사람을 깔보고 조롱하면서도 그것을 능력에 따른 차이일 뿐이라고 생각하며 죄의식을 갖지 않게 되거든. 이런 생각이 머릿속에 깔려 있기 때문에 지방 캠퍼스에 다니는 학생을 비하해도 자신이 정당하다고 여기는 거야. 그렇게 '지잡대(지방에 위치한 잡다한 대학교)'라는 말을 만들어 낸 거지.

《한국의 능력주의》에서는 이런 사람을 '멸시하는 능력주의자'라고 말해. 모든 일을 능력으로만 평가하다 보니 약자나 소수자를 배려할 필요가 없다고 생각하지. 능력도 없고 사회에 기여하는 것도 없는 사람들을 세금으로 지원하는 일은 자신의 능력과 노력으로 현재의 자리에 오른 사람들에 대한 역차별이라는 거야. 능력에 따른 차별은 감수하겠지만 누군가 무임승차하는 꼴은 볼 수 없다는 것이 이들의 특성이야.

학창 시절부터 늘 시험을 보고 석차가 적힌 성적표를 받는 것이 우리 일상이었어. 그래서 사람을 성적으로 줄지어 세우는 것을 당연하게 생각하는 것 같아. 막상 대학생이 되면 10대 시절을 고스란히 입시에 묶여 경쟁에 내몰렸던 보상을 받고 싶을 거야. 노력한 만큼 정당하게 대우받고, 자신이 이룬 성과를 인정받고 싶겠지. 그렇게 대학에 붙은 학생을 신라의 신분제도에 빗댄 입시 계급이 생겨났어. 의치한(의대, 치대, 한의대) 합격자는 성골, 정시 합격자는 진골, 원서를 6장 넣어서 수시 합격한 사람은 육두품으로 나누는 식이지. 그리고 여기에 끼지 못하면 벌레 취급을 받아. 지역균형 전형으로 입학한 학생을 '지균충', 기회균형 전형으로 입학한 학생을 '기균충'이라고 부르는 거야.

오직 능력에 따라 사람을 대접해야 한다고 말하는 사람들은 스스로 그렇게 하고 있다고 생각해. 그런데 과연 그 사람의 능력만으로 판단하고 있는 게 맞을까? 진짜 능력에 따르려면 그 사람의 학벌이 아니라 학력을 봐야 해. **학벌**은 단순히 그 사람이 나온 학교가 사회에서 가지는 지위야. 이른바 명문 대학교인지 아닌지를 따지는 거지. 하지만 명문 대학교 출신이라는 사실이 그 사람의 능력을 보장하지는 않잖아? 반면에 학력은 그 사람이 학교에서 배운 지식과 그 지식을 활용하는 역량을 말해. 언제부터인가 우리는 학벌을 학력과 같은 말처럼 쓰고 있어. 그리고 '학벌이 곧 능력'처럼 여겨지고 있지. 만약 학벌이 이대로 능력의 기준이 되어 버리면 무슨 일이 일어날까? 답을 듣지 않아도 대충 예상이 가지?

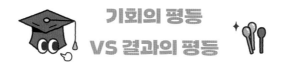

기회의 평등 VS 결과의 평등

1년에 단 한 번으로 전국의 모든 수험생을 일등부터 꼴등까지 줄 세우는 수능. 그 한 번의 시험 결과를 가지고 능력을 판단하는 것이 과연 옳을까? 그리고 순전히 수험생 개인의 능력만으로 좋은 성적을 받는 것일까? 부모님의 경제력이 영향을 미치지 않았다고 말할 수 있을까? 수능 점수에서 백분위로 99%를 받은 학생이 98%를 받은 학생보다 더 훌륭한 사회인이 될 거라는 근거는? 아주 정교한 손 기술로 가느다란 혈관을 수술해야 하는 의사의 자질이 수능 점수 하나로 가려질 수 있을까?

우리 사회가 이렇게 줄 세우기를 하는 이유는 모두가 원하는 '좋은 자리'가 한정되어 있기 때문이야. 그래서 누가 그 자리를 차지할지 말지 정하는 규칙이 있어야 한다고 생각해. 한날한시에 똑같은 조건에서 시험을 치르는 수능이야말로 가장 공정한 경쟁이라는 거지. 이 경쟁에서 이긴 사람이 명문 대학교에 가고, 또 좋은 자리를 차지하는 것이 맞다고 여겨. 반대로 능력과 관계없이 평등한 결과를 갖는 것이야말로 역차별이고 불공정하다 생각해.

평등한 사회에서는 한 사람이 너무 많거나 적게 가지지 않도록 골고루 나눠. 그런데 언제부터인가 우리나라에서 평등은 '부자가 될 기회'가 누구에게나 주어진다는 의미로 받아들여지고 있어. 모두에게 '서울대를 갈 기회'가 주어져야 비로소 평등한 사회인 거지. 다들 왜 서울대에 가려고 아등바등하는지는 별로 생각하지 않아. 오히려 기회가 평등했다면 결과에 승복할 줄 알아야 한다고 보지. 이런 생각에 빠져 있다 보면 힘센 사람이 많이 갖고, 힘없는 사람이 적게 갖는 것이 당연해져. 우리가 아는 평등과는 거리가 멀지?

예를 들어 수시 전형을 준비하고 있다고 생각해 봐. 1학년 때 학교 시험을 망치면 곧바로 서울대 입학이 물 건너가고 말아. 수시 전형에서는 고등학교를 다니는 동안 받은 내신 성적이 엄청 중요하거든. 그래서 다시 도전할 수 있는 수능이야말로 공정한 시험이라고 생각하게 돼. 적어도 수능을 치르는 그날까지, 대박의 기회가 남아 있다고 믿고 싶은 거야.

앞에서 기회의 평등이냐, 결과의 평등이냐에 대한 논쟁이 우리 사회의 영원한 숙제라고 말했던 거 기억나? 수능 점수로 개인의 능력치를 단순화하고 줄지어 세우는 것을 당연하게 생각하는 사람들은 대체로 기회의 평등을 외치는 사람들이야. 누구나 똑같은 조건에서 시험을 치르는 수능이야말로 기회의 평등을 완벽하게 보장한다고 생각하지. 하지만 기회가 정말 평등할까? 조건을 같게 한다고 기회가 같아질 수 있을까?

무엇이 '공정'일까?

개인의 경제적·사회적 성공을 오로지 개인의 능력 때문이라고 하기도 어려워. 로버트 솔로는 경제 성장에서 기술의 발전을 강조한 미국의 경제학자야. 솔로는 20세기 생산성 향상의 약 90%가 넓은 의미에서 기술 변화 덕분이라고 했어. 경제적·사회적 번영을 이루는 데 개인의 노력과 재능이 미치는 영향은 그다지 크지 않다는 거지. 오랜 세월 쌓아 온 사회 전체의 지식과 문화야말로 오늘날의 경제적 번영에 가장 크게 이바지했다는 것이 솔로의 주장이야.

사회 전체의 지식과 문화는 우리 모두의 공동 자산이잖아. 그러니 이 자산에 대한 권리는 공동체에 있다고 할 수 있어. 그동안 혼자 힘으로 이루었다고 생각했던 것들이 사실은 얼굴도 모르는 수많은 사람의 기여가 쌓여서 이루어진 거지. 이렇게 보면 결국 내가 만든 결과물이더라도 결코 내가 독점할 수 있는 것이 아니야.

과거 경제학자들은 그 사람의 능력이나 생산에 대한 기여도에 따라 혜택을 분배하는 것이 공정하다고 생각했어. 지금도 그렇게 생각하는 사람이 많아. 하지만 솔로의 주장대로 공동 자산을 인정한다면, 이런 분배가 더는 공정하다고 말할 수 없는 거지.

《독식 비판》이라는 책을 보면 미국의 경제학자 폴 로머의 이야기가 나와. 그는 지금이나 100년 전이나 대졸 엔지니어의 역량은 동일하지만, 오늘날 엔지니어가 훨씬 더 생산적이라고 했어. 과거의 엔지니어보다 우수해서가 아니라 100년 동안 새롭게 쌓인 지식을 모두 활용할 수 있기 때문이지. 바로 공동체 지식이야.

공동체 지식은 우리의 노력과 관계없이 그냥 주어진 것들이잖아. 그동안 우리는 별다른 대가 없이 얻은 이 공동체 지식에 우리의 재능과 노력을 살짝 얹어서 이룬 성과를 자신의 공인 것처럼 여겨 왔던 것은 아닐까? 자동차의 발명은 앞선 증기기관의 발명 덕분에 가능했어. 라이트 형제의 비행기도 어느 날 갑자기 뚝딱 만들어진 것이 아니야. 하늘을 날기 위해 인류가 수백 년에 걸쳐 실패를 거듭한 끝에 이루어진 거지. 1783년 몽골피에 형제의 열기구, 1891년 오토 릴리엔탈의 행글라이더가 없었다면 라이트 형제가 훗날 인류 최초의 동력 비행에 성공할 수 있었을까?

1986년 우루과이에서 세계 무역의 자유화를 위한 회합이 열렸어. '우루과이 라운드'라고 부르는 이 협상은 훗날 세계무역기구(WTO)가 만들어지는 계기가 돼. 우루과이 라운드로 우리나라는 농산물 시장을 완전히 개방하게 되었고, 외국산 농산물이 빠르게 수입되었어. 농업에 종사하던 우리나라 사람들은 심각한 타격을 입었지. 반면에 제조업 분야에서는 관세가 낮아지고 절차가 간략

임대아파트 살면 임거라고요?

해지면서 수출길이 더욱 활짝 열렸어. 농부는 가난해졌지만, 제조업 회사는 큰돈을 벌었지.

우루과이 라운드는 당시 큰 논란을 몰고 왔던 사건이야. 전 세계가 자유 무역의 길을 걷는 오늘날 시선으로 보면, 언젠가 일어날 일이었지. 소비자 입장에서는 수입 제한으로 값이 비쌌던 바나나를 싸게 먹을 수 있어서 환영할 만한 일이었거든. 중요성이 낮아지고 있던 농업보다는 제조업을 살려서 수출을 늘리는 것이 국가 차원에서도 훨씬 이득이었어. 그런데 이 일로 농부들이 가난해졌다면 그 이유를 개인이 무능력해서라거나 노력하지 않아서라고 말할 수 있을까? 국가 이익을 위해 손해를 감수해야 했던 농부들에게 제조업에서 벌어들인 세금으로 조금이라도 보상해야 하지 않을까? 아니면 능력이나 운을 탓하며 개인이 모두 감당하라고 하는 게 맞을까? 무엇이 정말로 **공정**한 걸까?

우리의 능력과 성취가 온전히 나만의 것인지 스스로에게 한번 되물어 봤으면 좋겠어. 모든 것을 혼자 힘으로 이루었다 여기면서 나보다 못하다고 깔보고, 조롱하고, 멸시하고 있지 않은지 돌아보면서 말이야.

휴거, 엘사 ➡ 당연히 쓰지 말아야 할 말!

요즘은 '임거'를 또 나눠서 휴먼시아 임대아파트에 사는 사람은 '휴거', LH(한국토지주택공사) 임대아파트에 사는 사람은 '엘사'라고 한다고 해. 남에게 빌어먹고 사는 사람을 '거지'라고 하는데 이런 말을 함부로 쓰면 당연히 안 되겠지. 더구나 사람의 가치는 사는 집이나 경제력으로 판단할 수 없는 거잖아.

신용불량자 ➡ 금융채무 불이행자

과거에 은행 같은 금융기관에서 돈을 빌리고 제때 갚지 못한 사람을 '신용불량자'라고 했어. '불량'이란 행실이나 성품이 나쁘다는 의미야. 뜻하지 않은 경제적 어려움으로 빚을 지고 갚지 못했다고 그 사람에게 불량하다는 낙인을 찍어도 될까? 이런 말들은 우리 마음속에 가난에 대한 혐오를 알게 모르게 심어 줘. 월급으로 200만 원을 받는 사람은 '이백충', 300만 원 받는 사람은 '삼백충'이라며 벌레 취급하게 되지. 2022년 국가인권위원회가 실시한 인권의식 실태조사에 따르면, 우리나라에서 인권 침해와 차별을 가장 많이 받는 계층은 경제적 빈곤층이었다고 해. '신용불량자 제도'는 2005년부터 폐지되었으니 '금융채무 불이행자'라고 하자.

지방대, 지잡대 ➡ ○○대

지방대의 반대말은 서울대, 수도권대일까? 아무도 그렇게 부르지 않잖아. 지방에 있다고 '지방대' 또는 '지잡대'라고 낮잡아 말하는 것은 옳지 않아. 학교 이름을 정확하게 불러 주면 어떨까? 아니면 앞에 지역명을 붙여서 '○○에 있는 대학교' 정도로 말해도 돼.

대학 서열화하는 말 안 하기

나의 꿈을 이루어 줄 학교나 학과가 중요하지, 대학의 서열이 중요한 게 아니야. 평소에 이렇게 대학에 서열을 매긴 말들로 머릿속이 가득하면 은연중에 그런 말들을 스스로 내뱉게 되겠지. 그 말에 자기 자신은 물론 다른 사람을 상처 입히게 될 테고 말이야.

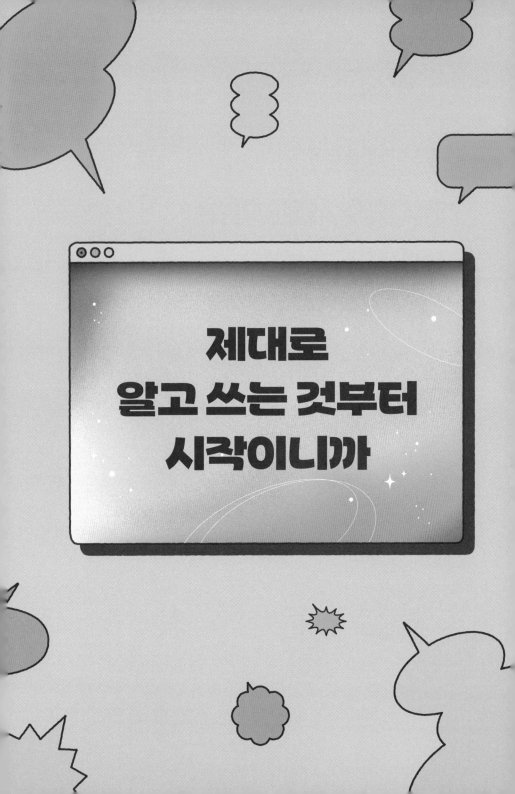

한글보다 영어가 세련되어 보인다고요?

나랑 내일 쇼핑하러 갈 파티원 구함

사거리에서 왼쪽으로 가면 몽블랑 베이커리가 있거든? 그 옆의 빌딩이 바로 프레스티지1이야. 6층에 화이트짐 피트니스 센터 간판이 있는데 그 아래로 잘 보면 탑클래스 학원이 있어. 토욜은 학원 3시에 끝나니까 이쪽에서 같이 쇼핑ㄱㄱ 난 간절기에 입을 울 베스트랑 조거 팬츠 사려고. 컬러는 내 피부색이 웜톤이라서 베이지 생각 중. 디자인은 클래식한 게 좋아. 후드티랑 스니커즈도 한번 보고 괜찮으면 사게.

⌐ 🔵 한글투우사
요즘은 우리나라인지 외국인지 모를 정도로 간판이 죄다 외국어야. 영어 모르는 사람은 한국에서 길도 못 찾겠음. 대화를 들으면 반도 못 알아들을 것 같아.

⌐ ⚪ 어나더레벨
못 알아듣는 거야 무식해서 그런 거고. 요즘 대세가 영어면 시대를 따라가야지. 영어를 쓸 때 더 있어 보이는 것도 사실임.

⌐ 🔵 한글투우사
불과 한 세기 전만 해도 우리 조상님들이 우리말을 지키겠다고 목숨까지 걸었는데… 그분들이 이 모습을 보면 기가 차서 방귀도 안 나올걸?

┗ ● 어나더레벨

언어의 목적이 의사소통인데 요즘에는 영어를 너도나도 씀. 그리고 하루가 다르게 변하는 세상에서 온갖 신문물이 밀려들어오는데 그때마다 우리말로 바꾸다 보면 세계 표준에 맞지 않아서 더 뒤처질 거야. 굳이 한국어로 바꿨다가 느낌이 전혀 달라지는 경우도 많잖아.

┗ ● 한글투우사

우리말로 대체할 수 없다면야 어쩔 수 없지만, 충분히 우리말로 바꿀 수 있는데도 아무 생각 없이 쓰니 문제지. 어떤 경우에는 아예 우리말을 영어로 표기하기도 해.

M.S.G.R은 한때 온라인상에서 화제가 되었던 한 카페의 메뉴야. 도대체 무슨 음료일까? 정답은 미숫가루야. 제법 인기를 끌던 이 카페는 모든 메뉴를 영어로 적고, 가격도 5.0, 5.5 이런 식으로 적어 놨어. 얼핏 보면 우리나라 돈이 아니라 미국 달러를 표시한 것처럼 보여. 이제는 이런 메뉴판을 다른 카페에서도 흔하게 볼 수 있어서 이상하지 않을 지경이지.

요즘은 우리나라에서 좀 '핫'하다는 곳이라면 어딜 가도 영어 간판, 영어 메뉴판을 어렵지 않게 찾을 수 있어. 우리나라인지 외국인지 헷갈릴 정도야. 아메리카노니 카페라테니 하는 음료는 원래 외국어라지만, 미숫가루 같은 우리말 메뉴까지 죄다 영어로 적는 이유는 뭘까? 그렇게 쓰면 좀 더 세련되어 보이니까?

몇 해 전, 세계적인 명품 브랜드인 구찌에서 브랜드 이름을 한글로 적은 티셔츠를 선보여서 화제가 되었어. 영어로 적었을 때는 아무렇지 않았는데 한글로 떡하니 '구찌'라고 적어 놓고 보니까 이상하다는 반응이 대부분이었지. 촌스럽기 짝이 없다느니 어르신들이 입는 옷 같다느니 하면서 말이야. 다들 비싼 돈을 주고 이런 걸 사겠느냐고 입을 모았어.

간판의 반 이상이 영어로 적힌 서울의 한 거리

그런데 참 이상하지. 우리는 왜 영어 단어나 영어 문장을 새긴 티셔츠는 아무렇지 않게 입고 다니면서 한글이 적힌 티셔츠는 뭔가 이상하다고 생각하는 걸까? 가슴 한복판에 'Saturday'라고 적힌 티셔츠는 별로 이상할 게 없잖아. 반면에 '토요일'이라고 대문짝만하게 적힌 티셔츠를 입은 사람이 있으면 길을 가다가도 한 번쯤 뒤돌아볼 거야. 마찬가지로 티셔츠에 'LOVE'라고 적혀 있는 것은 괜찮지만 '사랑'이라고 적혀 있으면 괜히 혼자 멋쩍어하지.

BTS 덕분에 K-컬처가 외국에서 주목받으면서 자연스럽게 한글에 대한 세계인의 관심도 높아지고 있어. 한글이 적힌 티셔츠를 입고 다니는 외국인을 심심찮게 마주하게 된 걸 보면 신기하

한글보다 영어가 세련되어 보인다고요?

기도 해. 가끔은 정말 상황에 맞지 않는 우스꽝스러운 단어가 적힌 옷을 입고 있는 외국인도 있어. 무슨 뜻인지 알면 과연 입고 다닐까 싶게끔 말이야.

예전에 우리도 뜻을 잘 모르는 영어 단어가 적힌 티셔츠를 입고 다녔어. 그 시절에는 영어로 적혀 있으면 뭔가 세련되어 보인다고 생각했던 것 같아. 그때의 우리처럼 한글 티셔츠를 입은 외국인도 한글이 멋있어서 그랬다고 생각하면 뿌듯해져. 한글이 우리 민족의 고유한 문화유산임을 누구나 알기에 한글의 위상이 세계적으로 높아지는 게 그저 자랑스럽지. 그런데도 막상 한글이 적힌 티셔츠를 입는 한국인은 눈을 씻고 봐도 없는 것은 무엇 때문일까?

2020년 국립국어원은 성인 5,000명을 대상으로 한국인이 외래어나 외국어를 많이 사용하는 이유에 대해 조사했어. 그 결과 가장 큰 이유로 '의미를 정확하게 전달할 수 있어서'라고 답한 사람이 무려 41.2%였다고 해. 한글문화연대 이건범 대표는 평소에

외국어를 많이 쓰다 보니, 외국어를 쓰지 않으면 자기 생각을 잘 전달하지 못할 것 같은 강박 관념이 생긴다고 설명했어. 많이 듣고 많이 쓰다 보면 그런 말이 귀나 입뿐 아니라 머릿속에서도 익숙해진다는 거지.

청소년들은 어떨까? 한 교복 회사에서 조사한 결과에 따르면 학생 66%가 '습관'이라고 대답했대. 일상에서 자꾸 쓰다 보니 영어 사용이 자연스럽다는 거지. '대체할 우리말이 생각나지 않아서'라고 대답한 학생은 24%, '세련되어 보여서'라고 답한 학생은 6%였어. 그렇다면 청소년들이 외국어나 외래어를 자주 접하는 곳은 어디일까? 이 질문에 43%가 노래 가사, 22%가 아이돌 그룹이나 연예인 이름, 19%가 방송 프로그램이라고 응답했어. 청소년들이 외국어나 외래어를 주로 접하는 곳은 대중문화인 셈이지.

외국어나 외래어를 많이 사용하는 경우는 순서대로 친구들과의 대화(52%), 모바일 메신저(25%), 온라인 글 작성(15%)이었어. 사실 청소년들의 언어 활동은 대부분 학교나 온라인 공간에서 이루어지잖아. 결국 청소년들이 일상생활에서 외국어나 외래어를 거리낌 없이 사용하고 있다는 것을 알 수 있어.

언어의 가장 기본적인 기능은 뭘까? 바로 **의사소통**이야. 영어를 잘 모르는 사람 앞에서 영어를 쓰면 무슨 말인지 이해하지 못할 거야. 영어에 익숙한 사람조차 맥락 없이 쓴 영어를 보면 무슨 말인지 모르는데, 영어에 익숙하지 않다면 더 큰 소외감을 느끼겠지. 한국어가 모국어인 땅에서 말이야.

기술이 발전하면서 새로운 문물이 쏟아져 들어오고 있어. 이 흐름을 주도하는 곳이 영어권 나라들이다 보니 영어로 된 외래어가 늘어날 수밖에 없기는 해. 참, 외국어와 외래어의 차이는 알고 있지? **외국어**는 말 그대로 다른 나라의 말이고, **외래어**는 외국에서 들어와 우리말처럼 널리 쓰이는 말을 뜻해. 버스(bus)처럼!

기술의 발전 속도가 워낙 빨라서 대체하기에 적당한 우리말을 찾기도 전에 외국어가 그대로 외래어로 자리 잡는 경우도 많아. 그러다 보니 이제는 뭐가 외래어이고 뭐가 외국어인지에 대한 구분조차 모호해졌어. 그리고 이런 말들은 대부분 영어야. 삼국시대에 한자를 받아들이면서 마구 쏟아져 들어온 한자어가 외래어의 지위를 얻고, 어느 순간 어원마저 희미해져 이제는 아예 우리말이 되어 버렸잖아. 마찬가지로 물밀듯이 들어오는 영어의 홍수 속에서 정신을 차리지 못하다가 어느새 영어가 우리 삶에 깊게 스며들어 버린 것 같아.

조선 시대에 중요한 단어는 한자어를 쓰고 조사나 어미에만 우리말을 썼어. 이제는 중요한 단어는 영어로 쓰고 조사나 어미만 우리말로 쓰지. 게다가 별로 문제의식을 못 느끼는 상황이 되어 버렸어.

"유붕(有朋)이 자원방래(自遠方來)하니 불역낙호(不亦樂乎)라."

"그는 힙합씬에서 어나더 레벨이야."

첫 번째 문장은 '먼 곳의 친구가 찾아와 만나니 즐겁지 아니한 가'라는 뜻이야. 한자를 모르는 사람에게는 외계어 수준이지? 그런데 두 번째 문장을 봐. 영어를 모르면 무슨 뜻인지 알 수 있을까? 첫 번째 문장과 뭐가 다르지?

이번 **스프링 시즌**에는 **페미닌**한 **스타일**의 **원피스**에, **위크엔드 블루톤**이 가미된 **시크**한 **숏 자켓**을 **코디**해 보자. **비비드**한 **컬러**가 돋보이는 큼직한 **플라워 패턴**의 **쉬폰 블라우스**에 **실키**한 **와이드 팬츠** 또는 **스트라이프 패턴**의 **드레이핑 스커트**도 이번 시즌의 **머스트 해브 아이템**이다. 여기에 **모던**한 **화이트 스니커 즈**와 **에코백 스타일**의 **내추럴**한 **데일리 백**을 **매치**해 보자.

인터넷에서 돌고 있는 보그체 사례야. 이렇게 조사나 어미를

한글보다 영어가 세련되어 보인다고요?

빼고 웬만한 단어는 다 영어로 말하는 문체를 '보그체'라고 해. 대체할 우리말이 있는데도 군이 외국어로 표현하거나 불필요한 수식어를 덧붙이는 식이지. 정확한 의미를 전달하기보다는 외국어에 대한 지식과 허영심을 드러내는 문체야. 의류업계에서 주로 나타나기 때문에 대표적인 패션잡지인 〈보그(Vogue)〉에서 이름을 따왔다고 해.

요즘은 여기서 한 발 더 나아가 '보그병신체'라고도 한대. 일상생활에서 불필요한 외국어를 쓰면서 잘난 척하는 모습을 풍자하기 위해 비속어인 '병신'을 더한 거야. 물론 '병신'이라는 말은 앞에서 말했던 것처럼 의도야 어쨌든 장애인에 대한 편견과 혐오를 불러일으키니 쓰면 안 되지. 비속어까지 붙여 가며 이런 말까지 만든 것을 보면 불필요한 외국어 남용이 우리 언어생활에서 얼마나 심각한지 알 수 있어.

패션계의 특성상 외국 문화의 영향을 크게 받는다는 점에서 보그체 사용을 옹호하는 사람들도 있어. '모던한 컬러'와 '현대적 색상'이 주는 느낌은 다르기 때문에 곧 죽어도 '모던한 컬러'라고 해야 한다는 거야. 그 미세한 어감의 차이가 결과적으로는 엄청난 차이를 만들어 내기 때문에 우리말로 막 바꿀 수가 없다는 이야기지.

실제로 외국어가 우리나라에 들어와서 의미가 바뀌거나 현지에서는 쓰지 않는 표현이 우리식으로 굳어진 경우가 많아. 이른바 '콩글리시'라고 부르는 말들이지. 우리말에 이런 콩글리시가 워낙 많다 보니 정작 영어가 모국어인 사람들이 한국어를 배울 때 콩글리시를 공부해야 하는 상황이 생긴다고 해.

한자어를 잘 몰라서 심심한 사과를 드립니다

영어를 섞어 쓰면 뭔가 세련된 사람처럼 느껴지듯이 한자어를 섞어 쓰면 유식해 보인다고 생각해서 무조건 한자어를 쓰던 때가 있었어. 요즘도 공문서나 법조문을 보면 한자어가 너무 많아서 도대체 무슨 말인지 알 수 없을 때가 많잖아.

"심심한 사과의 말을 전합니다."

한 온라인 카페에서 이런 공지문을 올렸다가 한바탕 말다툼이 벌어졌던 적이 있어. 몇몇 사람들이 무슨 사과를 심심하게 하느냐며 불쾌하다는 반응을 보였거든. 여기서 한자어인 '심심(甚深)하다'는 마음을 표현하는 정도가 매우 깊고 간절하다는 뜻이야. 하

한글보다 영어가 세련되어 보인다고요?

는 일 없이 지루하고 재미없다는 뜻의 순우리말 '심심하다'와는 전혀 다른 말이지. 이 일로 Z세대의 45%가 '심심(甚深)하다'라는 말뜻을 모른다는 조사 결과가 나오는가 하면, 청소년의 문해력 수준에 문제를 제기하는 온갖 기사가 쏟아졌어.

"금일 자정까지 과제 제출."

한 대학 커뮤니티에는 이 공지문의 금일을 '금요일'이라고 이해해서 과제를 제때 내지 못해 감점을 당했다는 사연이 올라왔지. '금일'은 오늘이라는 뜻이야. '익일'은 다음 날이라는 뜻이고. 온라인으로 물건을 고를 때 가끔 '익일 배송'이라는 말을 봤을 거야. 물건을 산 다음 날 배송해 준다는 뜻이지.

그런데 이런 한자어를 모른다고 손가락질을 받는 게 맞는 걸까? 무식한 Z세대니 요즘 청소년들의 문해력이 한심한 수준이니 비난하는 기사를 보면 한숨이 나와. 도대체 어느 정도까지 알아야 문해력을 지적당하지 않는지 헷갈리기도 해. 쉬운 말을 써도 될 곳에 굳이 어려운 한자어를 쓴다는 비판도 많아. "가슴 깊이 사과드립니다", "오늘 자정까지 과제 제출", "다음 날까지 배송"이라고 해도 되는데 한자어 운운하며 문해력 수준을 나무라는 태도가 문제라는 거지.

우리말 가운데 60% 이상이 한자에 기초해 만들어진 단어야. 그래서 한자어를 너무 몰라도 의사소통에 문제가 생길 수 있어. 하지만 한자어를 지나치게 사용하는 현실에 대해서는 고민이 좀 필요해 보여. 일부러 어려운 말을 쓰면서 못 알아듣는 사람이 무식한 거라고 탓하는 셈이거든. 언어란 '의사소통'이라는 역할에 충실해야 하니까 말이야. 혹시 '척사대회'라는 말 들어 봤어? 추석 무렵이면 가끔 '척사대회'라고 적힌 현수막이 걸려 있을 때가 있어. 척사(擲柶)는 바로 윷놀이야. 요즘은 잘 안 쓰는 말이지. 만약 친구들에게 윷놀이 대신 척사를 하자고 하면 대화가 통하지 않을 거야.

그렇다면 한자로 된 단어들이 우리말의 대부분을 차지하게 된 이유는 뭘까? 우리나라에서 한자를 사용하기 시작한 때는 삼국 시대 이후라고 알려져 있어. 그때만 해도 우리말을 적을 문자가 없었기 때문에 한자를 이용할 수밖에 없었지. 그리고 당시 지배층은 한자를 기본으로 하는 유학자들이었기 때문에 한자는 내내 지배층의 표기 수단으로 쓰였어. 사실 한자는 배우기 어려운 글자잖아. 한가롭게 글공부나 할 수 있는 계급이 아니라면 배우기조차 힘들었어. 그러다 보니 그 어려운 한자를 자유자재로 쓸 수 있는 사람들은 그들만의 **특권의식**이나 우월감을 가졌겠지.

세종대왕님이 한글을 만들어 우리말을 적을 수 있는 문자가 생

한글보다 영어가 세련되어 보인다고요?

겼지만 지배층에서 계속 한자를 고집했던 것도 그런 특권의식 때문일 거야. 근대에도 서구의 문물과 사상이 일본과 청나라를 통해 들어오다 보니, 관련 용어들이 중국식이나 일본식 한자어로 번역된 말이 많았어. 우리는 그 말들을 그대로 받아들였고 한자어 사용이 폭발적으로 늘어난 거야.

오늘날 학술 용어나 전문 용어는 거의 한자어야. 한자는 표의문자이기 때문에 글자 하나하나의 의미가 정확하다는 장점이 있어. 그래서 추상적이고 개념적인 의미를 간단하게 전달하는 데에 유리해. 각각의 의미를 지닌 한자를 결합해서 새로운 단어를 만들어 내기도 쉽지.

새로운 문물과 관련된 단어나 전문 용어가 한자어다 보니 한자어를 쓰면 좀 똑똑해 보였을 거야. 그러다가 우리말보다 한자어가 더 고상한 말이라고 생각하게 된 거지. 그래서 우리말 중에는 뜻은 같지만, 순우리말에 비해 한자어가 높임이거나 공손한 의미를 띠는 경우가 많아. 예를 들어 '나이'보다 '연세'가, '술'보다 '약주'가, '이'보다 '치아'가 높임말이지.

하지만 언어를 두고 뭐가 더 우월한지 가릴 수 없는 것처럼 한자어나 영어가 더 고급스럽다고 생각하는 것은 편견이야. 게다가 우리나라 사람들이 영어를 너무 많이 쓰다 보니 한국어를 배우는 외국인들은 오히려 헷갈린대. 외국인이 볼 때 도대체 이 말이 한국어인지 영어인지 구분하기 어려운 경우가 종종 있거든.

한 예로 어느 중국인 유학생의 사연을 들려줄게. 교수님이 이 중국인 유학생에게 자기 연구실에 가서 책상 위에 있는 '키'를 좀 가져와 달라고 부탁했대. 중국인 유학생은 일단 "네" 하고 교수의 연구실에 왔지만 키가 무엇인지 아무리 생각해도 모르겠더래. 그래서 키를 사전에서 찾아본 거야. 사전에는 '곡식 따위를 담고 불순물을 제거하는 도구'라는 설명과 함께 사진이 실려 있었어. 중국인 유학생은 연구실을 샅샅이 뒤졌지만 어디에도 키가 보이지 않아서 당황했다고 해. 옛날에는 아이들이 이불에 오줌을 싸면 이 키를 뒤집어쓰고 집집마다 소금을 얻으러 다니게 했어. 지금 우리는 거의 다 이 키를 본 적이 없기 때문에 당연히 '열쇠(key)'라고 생각하겠지만 말이야. 외국인들은 순우리말을 생각하고, 한국인들은 외국어를 생각한다니 웃기지?

이제는 이렇게

절취선, 잔반, 명찰, 공란

➡ 자르는 선, 남은 음식, 이름표, 빈칸

언어는 습관이야. 자주 안 써서 어색하게 들릴 뿐이지. 계속 안 쓸수록 우리말 어휘가 하나씩 사라지게 될 거야. 의식적으로 다듬은 말을 쓰려고 해보자. 어려운 한자어를 적당한 우리말로 바꿔 쓰는 거야.

피팅, 오픈 스페이스, 더치페이, 레시피, 테이크아웃

➡ 입어 보기, 열린 공간, 각자 내기, 조리법, 포장 구매(판매)

처음엔 외국어가 그대로 쓰였지만 이제는 우리말로 순화해서 쓰다 보니 어색하지 않은 경우도 많아. 네티즌을 누리꾼으로, 홈페이지를 누리집으로 바꿔 부르잖아. 요즘 쓰는 사람이 많아서 전혀 어색하지 않지? 영어로 쓸 때와 우리말로 쓸 때 의미가 다르다고 느낀다 해도, 우리가 의도한 의미로 자꾸 쓰다 보면 그 의미 그대로 받아들여져. 익숙해지는 것이 제일 중요해.

#외국어

댕댕이든 점메추든 알아들으면 그만이라고요?

점메추 ㄱㄱ

오늘 점심 뭐 먹냐? 내가 점메추할게. 오늘 점심은 ○○냉면 어때? 먹으면 A! 이게 머선 129 할걸? 이 집 냉면 진짜 JMT!! 면발은 쫄깃함 그 잡채. 물냉이 낫냐, 비냉이 낫냐 맨날 싸우는데 냉면은 비냉이지. 요즘 성숙이라서 사람이 많긴 해. 근데 이 집 앞에 댕댕이도 한 마리 있어. 완전 커여워. 이 집 냉면 맛은 갈수록 일치얼짱임!!!

> ● 외계어통역구함
> 뭔 소리인지 하나도 못 알아듣겠네. 우리말이긴 해?

> ● 인생은찍먹
> 솔까 뭔 문제? 재밌으면 된 거지. 못 알아먹는 어른들이나 문제 아님? 애들끼리는 다 아는 말이고 TV 자막에서도 맨날 쓰는 말이잖아.

> ● 외계어통역구함
> 이거야말로 한글 파괴지. 뭐든지 재미있으면 다라는 건 무슨 논리임? 소중한 우리말이 재미로 갖고 노는 장난감인가.

> ● 인생은찍먹
> 창의적으로 바꿔서 쓰는 말 가지고 억까 ㄴㄴ 난 우리나라 사람들이 이렇게 말하는 거 보면 천재라고 생각함. 세종대왕님도 감탄하실걸?

└ ● 외계어통역구함

물냉이 낮냐, 니 지능이 낮냐? 능지가 처참하다 정말… '성숙이'
면 이 동네는 어른만 있다는 건가? 덕분에 현웃 터짐.

└ ● 인생은찍먹

요즘 잼민이들은 다 이렇게 써. 무식한 인간들이 꼭 아는 척하고
싶어 하더라. 알아먹으면 그만인 걸 꼭 남의 맞춤법 지적질하는
틀딱지수 높은 양반들이 있음.

└ ● 외계어통역구함

못 알아먹으니까 하는 말이잖아. 대화에 끼고 싶으면 공부를 따
로 하라는 거임?

한글 파괴일까? 국어 파괴일까?

해마다 한글날이면 빠지지 않고 나오는 기사가 있어. 제목에 꼭 '한글 파괴'라는 말이 들어가지. 한결같이 영어나 한자어, 신조어 남발, 맞춤법 파괴 등을 지적하는 기사들이야. 그런데 매년 똑같은 기사 내용에 질린 걸까? 아니면 시대에 따라 바뀌는 대중의 언어 습관을 이제는 인정해야 한다고 생각해서일까? 요즘은 이 문제를 다른 시각에서 보는 목소리가 점점 커지고 있는 것 같아.

한글은 말소리를 그대로 기호로 나타낸 표음문자야. 형체가 없는 문화유산이라서 망치로 깨부수거나 할 수 없지. 그런 한글을 도대체 어떻게 파괴할 수 있겠냐고 하는 사람도 있어. 한글을 어떻게 쓰든 표음문자로서 그 기능에 충실하면 되지 않느냐는 이야기야. 소리 나는 대로 읽을 수만 있다면 무슨 문제냐는 거지.

요즘은 외국어, 외래어, 신조어뿐 아니라 한자, 숫자를 한글에 섞어서 쓰곤 해. 이런 표기 방식 때문에 우리말 질서에 혼란이 온다는 점에 대한 경각심을 불러일으키고 싶다면 '한글 파괴' 대신 '국어 파괴'라고 해야 맞다고 해. 한글이 문자만을 의미한다면 국어는 말과 문자를 모두 이르는 말이니까. 오늘날 사람들의 언어 습관을 이야기할 때 문자의 문제만을 말하지는 않잖아.

일제강점기를 지나면서 한글이 우리 민족에게 어떤 의미였는 지를 생각한다면, 우리나라 사람들이 한글과 한국어를 같게 여기 는 것도 이해가 되긴 해. 전 세계에는 7,000여 개나 되는 언어가 있어. 그런데 그 언어를 기록하는 문자는 오늘날 50개 정도에 불과해. 게다가 한글과 한국어처럼 문자와 말이 이렇게 완벽하게 일치하는 언어는 몇 안 되거든. 한국어는 한글로 표기되는 거의 유일한 언어잖아. 2009년에 인도네시아 찌아찌아족의 말을 한글 로 적기 시작한 것을 빼면 말이야. 그런 면에서 한글은 어떤 소리 든 표기할 수 있는 우수한 표음문자이기도 해.

어쨌든 한글과 한국어는 늘 짝꿍이었어. 그러다 보니 국어의

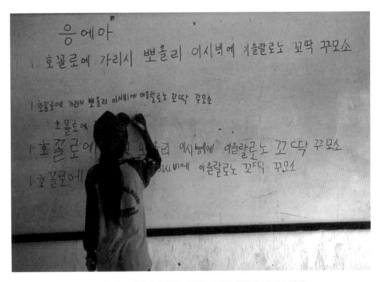

찌아찌아족은 고유 문자가 없는 찌아찌아어를 기록하기 위해 한글을 받아들였다.

댕댕이든 점메추든 알아들으면 그만이라고요?

파괴는 한글의 파괴로, 한글의 파괴는 다시 국어의 파괴로 자연스럽게 이어지지 않았을까? 우리의 사고는 말을 지배하고, 말은 문자를 지배하며, 문자는 또 우리의 사고에 영향을 미치는 셈이야. 그런 의미에서 청소년의 언어 습관을 두고 한글 파괴니 국어 파괴니 따지는 것은 자칫 본질을 흐리기 쉬워. 도대체 뭣이 중한디?

세종대왕님도 울고 갈 야민정음?

한글 자모를 뒤집거나 모양이 비슷한 자모를 써서 표현하는 방식이 한동안 유행했어. 이른바 '야민정음'이라고 하지. 멍멍이를 댕댕이, 명작을 띵작이라고 바꿔 쓰는 거야. 글자만 놓고 보면 '멍멍이'와 '댕댕이'는 비슷하게 생겼잖아. 하지만 다른 자음과 모음을 썼고, 당연히 읽을 때 나는 소리도 달라. 멍멍이를 댕댕이라고 쓰는 순간, '댕댕이'라는 새로운 말이 만들어져 버리는 거야.

지금은 야민정음 놀이가 조금 시들해졌지만, 댕댕이나 띵작 같은 말들은 여전히 활발하게 쓰이고 있어. 표준어 사용이 원칙인 방송 자막에서도 '댕댕이'라는 말이 등장하지. 띵작도 마찬가지야. '명작'이라는 말은 진지한 상황에서나 가끔 쓸 뿐, 일상에서는 '띵작'을 더 많이 쓰거든.

신조어나 외래어, 사투리 등도 많이 쓰다 보면 **표준어** 자격을 얻게 돼. 언젠가는 댕댕이와 띵작이 멍멍이와 명작을 밀어내고 표준어가 될지도 몰라. 언중의 마음을 사로잡아서 어느 순간 입에 '착붙(착 달라붙듯이 잘 어울린다)'인 말이 됐으니까. 언중이란 같은 언어를 사용하는 사람들을 말해. 언어 사회 안의 대중을 줄인 말로 기억하면 쉬울 거야.

재미로 쓰는 말 가지고 왜 이렇게 심각하냐고? 100년쯤 지나면 어떻게 될지 한번 생각해 봐. 그 말이 어떻게 생겨났는지 가물가물해지겠지? 어쩌면 국어를 연구하는 사람들이 이런 말들의 기원을 찾아서 설명해야 하는 일이 생길지도 몰라. 실제로 100년쯤 지나면 국어 시험에 아래와 같은 문제가 나올 수도 있지 않을까?

Q. 다음 중 '댕댕이'의 어원에 해당하는 말을 고르시오.

지금 우리에게는 너무 쉬운 문제일 거야. 하지만 100년 뒤에 이 문제를 풀게 될 10대들에게 '댕댕이'의 어원인 '멍멍이'는 태어나서 처음 보는 단어일지도 몰라. 그래도 댕댕이까지는 아직 괜찮다고 할 수도 있어. 어쨌거나 표음문자인 한글의 특성을 지키고 있고, 자음과 모음이 내는 소리를 그대로 발음하니까.

'방커머틄 으어뚠어뚠'은 어때? 야민정음의 원리를 알고 있다면 '방귀대장 뿡뿡이'라고 읽을 수 있을 거야. 하지만 보통은 '방커머튼 으어뚠어뚠'이라고 읽겠지. '틄'은 '길 장(長)'이라는 한자와 모양이 비슷한 한글 자모를 억지로 조합해 적은 거래. 아무리 봐도 '튼'으로밖에 읽히지 않는데 '장'이라니! 이거야말로 한글 파괴의 증거 아닐까? 잠깐, 그럼 '으어뚠어뚠'은 뭐냐고? 고개를 오른쪽으로 90도 돌려 봐. '뿡뿡이'가 위에서 아래로 한 글자씩 읽힐 거야.

한글 파괴를 이야기할 때마다 항상 소환되는 분이 있지. 바로 세종대왕님! 그리고 항상 뒤에 따라오는 말이 대개 '울고 가신다'야. '세종대왕님도 울고 가실 현대인의 한글 파괴' 같은 제목이 붙은 기사들 많이 봤지? 만약 세종대왕님이 '세종머앟님'이란 말을 보면 뭐라고 하실까? 노여워하실까? 아니면 한글을 이토록 자유자재로 가지고 노는 '어린 백성들'을 보고 "이게 머선 129!"라며 껄껄 웃으실까?

어떤 사람들은 이런 식의 한글 표기를 '창조적 변용'이라고 봐. 옛것을 창의적으로 해석하는 데서 늘 새로운 것이 만들어지거든. 이런 것을 창조적 변용이라고 해. 이들은 세종대왕님이라면 오히려 기꺼워하실 거라고 말하지. 세종대왕님은 백성들이 한자를 몰라 제 뜻을 널리 펴지 못하는 것을 가엾게 여겨 한글을 만드셨잖

아. 그런데 지금은 백성들이 자기 생각을 이토록 자유롭고 다양한 방식으로 펼치고 있으니 그야말로 세종대왕님의 뜻대로 된 게 아니냐는 이야기지. 음, 물론 틀린 말은 아니야. 그런데도 계속 머릿속에 남는 이 찜찜함은 뭘까?

 말을
가지고 놀기

국어 시간에 '언어유희'라는 말 들어 봤지? **언어유희**란 말 그대로 말을 가지고 노는 거야. 옛날부터 '말'은 우리 조상들의 놀이 도구였어. 예를 들면 파자 놀이가 있어. 한자의 획을 쪼개고 합치는 방식으로 수수께끼나 원래 없던 말을 만들어 내는 놀이지.

파자놀이 예시

國無城 月入門 (국무성 월입문)

나라 국(國)에서 성(城)에 해당하는 口가 없으면(無) '혹시 혹(或)'만 남고, 달(月)이 문(門) 안에 들어가면(入) '틈 한(閒)'이 만들어진다. 따라서 혹한(或閒)은 '혹시 한가하신가요?'라는 멋진 작업 멘트가 된다.

댕댕이든 쪔메추든 알아들으면 그만이라고요?

물론 한자로만 언어유희를 할 수 있는 것은 아니야. 우리말로도 얼마든지 가능해. 비슷한 발음을 활용하거나 말의 순서를 바꾸어서 말맛을 살리고 재미를 주는 게 언어유희니까. 예를 들어 힙합 가사에는 라임이 꼭 들어가잖아. 찰지게 입에 붙는 라임이야말로 힙합의 묘미기도 하지. 비슷한 소리를 내는 말들을 이용해 리듬을 만드는 라임도 일종의 언어유희야. 혹시 "모히또 가서 몰디브 한잔하자"라는 말 알아? 한때 엄청 유행했던 영화 대사야. 원래는 몰디브 가서 모히또 한잔하자고 해야 맞아. 그런데 이렇게 말하면 재미가 없잖아? 단순히 몰디브와 모히또의 순서를 바꿨을 뿐인데 재미가 살아나. 젊은 사람들이 질색하는 말장난인 아재 개그도 언어유희라 할 수 있지.

여기서 문제를 내볼게. '신 김치'를 영어로 하면 뭘까? 정답은 바로 '갓김치'야! 그러면 새를 무서워하는 곳은? 세무서! 수업 시간에 선생님이 이런 아재 개그를 했다가는 야유가 쏟아지거나 순식간에 분위기가 싸해지겠지? 그런데 요즘 SNS에서 눈길을 끄는 대화명들을 보면 꼭 아재들의 이야기만은 아닌 것 같아. 방식이 살짝 다를 뿐이지 좀 비슷하거든. 한번 볼까?

소리 없는 정우성
자축인묘진샤오미

오즈의 맙소사

귀신이 고칼로리

나 홀로 지배

소 잃고 뇌 약간 고친다

모르는 개 산책

니 이모를 찾아서

닥터 전자레인지

말을 어쩜 이렇게 창의적이고 유쾌하게 바꾸는지 놀라워. 네덜란드의 역사가 요한 하위징아는 '호모 루덴스(유희하는 인간)'라는 말로 인간의 본성을 정의했어. 놀이를 좋아하는 것이 인간의 본성이니, '말'도 인간에게는 유희의 대상이라는 거지. 물론 하위징아가 말한 '유희'란 상상의 세계에서 펼쳐지는 다양하고 정신적인 창조 활동을 말해. 단순히 놀이를 의미하지 않지. 그리고 궁극적으로 인간 사회의 발전에 이바지해야 한다고 했어. 이런 식의 유희야말로 학문과 예술의 발전을 위한 작은 불씨라고 할 수 있을 거야.

우리 조상이 남긴 언어유희 사례는 대체로 허를 찌르는 신박함으로 우리의 뇌를 자극하는 말이 많아. 재미를 넘어서 당시 사회를 꼬집는 재치가 넘치지. 오랫동안 사랑받으며 오늘날까지 전해지는 데는 다 이유가 있는 셈이야. 요즘은 어떨까? 오늘날 우리가 추구하는 말의 재미가 우리말과 생각을 더욱 풍요롭게 만들고 세상을 환하게 밝혀 줄 '불씨'일까? 아니면 튀지 말아야 할 곳으로 잘못 튀어 우리말 터전을 시커멓게 태워 버릴 '불티'일까? 뭐든 과하면 문제가 되는 법이거든.

별다룬 세대의 신조어

옛날 사람들은 문자보다는 주로 말을 가지고 놀았어. 한자를 갖고 놀던 양반님네들을 빼고 말이야. 그런데 요즘 사람들은 말보다 문자랑 더 친해. 매일 SNS에서 살다시피 하다 보니 문자를 주고받으며 소통하는 데 익숙하거든. 그래서인지 문자를 가지고 노는 경우가 더 많아지고 있는 것 같아. 특히 디지털 원주민이라고 부르는 요즘 10대는 태어나면서부터 스마트폰을 가지고 놀았잖아. 그러다 보니 전화보다 문자 메시지로 연락하는 것을 더 편하게 느낀다고 해.

문자로 소통하는 일이 많아지면서 우리의 언어생활에는 많은 변화가 일어났어. 문자의 한계를 보완하기 위해서 각종 이모티콘을 만들고, 문자를 치는 속도를 줄이려고 줄임말이나 'ㅇㅇ' 같은 초성을 쓰기 시작했거든. 줄임말과 초성으로 나누는 대화는 재미있기까지 해서 순식간에 사람들의 마음을 사로잡아 버렸지.

낄끼빠빠(낄 때 끼고 빠질 때 빠져라), 꾸안꾸(꾸민 듯 안 꾸민 듯), 점메추(점심 메뉴 추천) 등 첫 글자만 떼내어 줄인 말들은 이제 애교 수준이야. 아예 초성만으로 이야기하는 경우도 허다해. 하도 줄여대다 보니 별다줄(별걸 다 줄인다)이라는 말도 나왔어. 지금 30~40대가 10대였을 때는 신세대와 기성세대를 구분하는 기준이 'H.O.T'를 어떻게 읽느냐였어. H.O.T는 그 시절 가장 유명했던 아이돌 그룹이야. 이걸 '핫'이라고 읽으면 기성세대, '에쵸티'라고 읽으면 신세대라고 봤지.

요즘은 줄임말을 얼마나 많이 알고 자연스럽게 쓰느냐로 세대를 구분해. 신세대는 자신들만의 소통을 위해서 줄임말을 써. 기성세대는 시대에 뒤처지지 않기 위해 일부러 이런 말을 배우지. 그래도 지금의 기성세대는 PC통신 언어라고 하는 인터넷 신조어를 만들어 쓴 시조새야. 왕년에 줄임말 좀 써본 세대지. 하지만 하루가 멀다 하고 쏟아지는 신조어를 실시간으로 따라잡기에는 벅찬 걸 보면 좀 문제가 있긴 한 것 같아.

어떻게 하면 더 쉽게 나의 의사를 전달할 수 있을지, 더 재미있고 감각적으로 표현할 수 있을지에 대한 고민은 계속됐어. 그래서 컴퓨터 키보드와 핸드폰 자판에 있는 다양한 특수문자나 알파벳, 숫자를 마구 활용하기 시작했지. TMI(Too Much Information), JMT(정말 맛있음을 뜻하는 존맛탱의 영어 약자) 같은 영어 표기는 물론이고, 'A누'와 같이 영어와 한글을 섞어서 쓰기도 해. 그리고 얼굴을 보지 않고 문자로만 대화하다 보면 감정을 표현하기 어렵잖아. ㅎㅎ, ㅠㅠ처럼 한글 자모를 쓰거나 특수문자와 다양한 이모티콘을 활용해 감정을 나타내. P;ㅠ를 '피, 땀, 눈물'이라고 읽는 식이지.

 몰라서 틀리고
일부러 틀리고

앞에서 SNS 대화명에 나타나는 언어유희 사례를 살펴봤잖아. 이때 제일 많이 쓰는 방법이 소리가 같거나 비슷한 단어를 이용하는 거야. 그런데 여기서 한 가지 주의할 점이 있어. 정확한 의미와 표기를 알고 써야 한다는 점이야. 예를 들어 "모르는 게 상책"이라는 속담을 아는 사람에게 '모르는 개 산책'은 언어유희가 돼. "소 잃고 외양간 고친다"라는 속담을 알아야 '소 잃고 뇌 약간 고친다'가 언어유희가 되는 거지. "소리 없는 아우성"도 마찬가지야. 이 말이 〈깃발〉이라는 시의 한 구절이라는 사실을 알아야 '소리 없는 정우성'이 재미있게 다가와.

문제는 언어유희로 시작한 말이 유행하면서 마구 쓰이다 보면 원래 그 말이 어떻게 만들어졌는지 까마득해진다는 거야. 그 말의 원래 표기와 의미를 모르는 채로 남들이 쓰니까 따라 쓰는 경우가 많거든. 태어나서 한 번도 외양간을 본 적 없는 사람이 '뇌약간'이라는 말을 듣고 '외양간'을 떠올리기는 어렵겠지?

외국인들이 한국어를 배울 때 제일 어려워하는 것 중 하나가 **맞춤법**이라고 해. 맞춤법이 어려운 건 한국 사람들도 마찬가지야. 표음문자인 한글은 소리 나는 대로 적다 보니 그 의미를 알기 어려울 때가 많거든. 그래서 한글 맞춤법에서는 '우리말을 소리 나는 대로 적되 어법에 맞도록 적는다'라고 정하고, 단어의 원형을 밝혀서 적게 하고 있어. 그런데 한자어나 관용어를 잘 모르면 그 단어가 원래 어떻게 생겼는지 알 리가 없잖아. 그저 소리 나는 대로 적을 수밖에 없지. '뇌 약간'도 어쩌면 누군가 '외양간'을 잘못 알아듣고 들린 대로 적은 걸지도 몰라.

마마 잃은 중천공 (남아일언 중천금)

사생활 치매 (사생활 침해)

골이 따분한 성격 (고리타분한 성격)

댕댕이든 점메추든 알아들으면 그만이라고요?

SNS에서 유명한 맞춤법 파괴 사례들이야. 어디서 듣긴 들었는데 그 말의 정확한 의미나 표기는 모르겠고 그냥 소리 나는 대로 적다 보니 이런 결과가 나오는 거지. 맞춤법 파괴 사례를 본 사람들은 이것을 또 언어유희의 대상으로 삼아. 놀리는 게 재밌어서 일부러 맞춤법을 틀리게 적는 거지. 이것을 모르는 사람들은 또 맞춤법을 틀리는 악순환이 생겨나는 거야.

우리말의 표기 체계가 뒤죽박죽 흔들리고 있는 것은 사실이야. 듣는 사람이 알아듣지 못할 정도로 지나치게 어려운 말을 쓰는 것도 문제지만, 일상에서 쉽게 쓰는 말조차 맞춤법을 마구 틀리는 것도 문제지. SNS에서 매번 틀린 표기를 접하다 보니 자연스럽게 맞는 표기를 배울 기회마저 잃게 돼. 이렇게 이상한 표기만 보면 무엇이 바른 표기인지 혼란스럽지 않을까?

아버지 가방에
들어가시지 않도록

어떤 사람들은 언어의 자정 작용을 이야기해. 언중의 마음을 얻지 못한 말은 저절로 사라질 테니 요즘 세대의 언어생활을 과도하게 비판할 필요는 없다는 거지. 신조어든 줄임말이든 야민정음이든 내버려두면 언젠가는 제자리로 돌아올 거라고 말이야.

그런데 오염이 너무 심하면 자정 능력을 잃게 돼. 환경 오염 문제만 봐도 그래. 지구는 인간이 쏟아 내는 온갖 오염 물질을 스스로 정화해 가며 버티고 있어. 하지만 전문가들은 언젠가 지구의 자정 능력에도 한계가 올 거라고 경고해. 강물은 홍수가 나서 흙탕물이 되었다가도 금세 맑아져. 그런데 강 가까이에 하루가 멀다 하고 폐수를 흘려보내는 공장이 들어섰다고 생각해 봐. 강물이 정화되기도 전에 폐수가 계속 흘러들면 결국 물고기가 살 수 없는 죽음의 강이 되어 버릴 거야. 우리말도 마찬가지 아닐까?

〈슬기로운 의사생활〉이라는 드라마를 보면, 실력이 뛰어난 의사가 인턴 시절에 했던 실수가 나와. 갑자기 발작을 일으킨 환자를 보고 선배 의사가 "설압자 가져와!"라고 외쳤는데, 인턴이 허둥대며 '서랍'을 빼서 들고 오는 장면이지. 설압자는 환자의 숨통이 막히지 않게 혀를 눌러 주는 도구야. 눈앞에서 환자가 발작하는 모습을 본 인턴이 당황해서 '설압자'를 '서랍장'으로 알아들은 거지. 경험 많은 의사였다면 그 상황에 필요한 도구가 설압자라는 것을 바로 알아챘을 거야. 발음이 아무리 비슷해도 절대 헷갈리지 않았겠지.

설압자를 소리 나는 대로 쓰면 '서랍자'잖아. 설압자를 처음 들었다면 '서랍장'으로 들을 만도 해. 하지만 1분 1초가 급한 응급 상황에서 이런 실수는 누군가의 목숨을 위태롭게 만들 수 있어. 우리 삶에서 의사소통이 얼마나 중요한지 새삼 느껴지지? 소리 나는 대로만 적다 보면 의사소통에 문제가 생기게 돼. 그래서 문해력이 필요한 거야. **문해력**은 전체 맥락 속에서 그 말이 뜻하는 바를 헤아리고 이해하는 능력이거든. 들리는 대로 듣고, 보이는 대로 보는 데 그치지 않고 더 나아가는 거지.

단어의 원형을 알면서 일부러 틀리게 적는 것과 모르고 잘못 적는 것은 아예 달라. 문제는 인터넷상에 맞춤법을 무시한 표기가 너무 많다는 점이야. 재미를 위해서든 몰라서든 틀린 말을 자꾸 쓰다 보면 그 말에 익숙해져서 원래 의미를 잊어버리게 돼. 결국에는 서로 의미가 통하지 않는 순간이 오고 말겠지.

띄어쓰기도 마찬가지야. SNS에서 소통할 때는 띄어쓰기를 일일이 신경 쓰기 귀찮아서 그냥 넘어가기 쉬워. 하지만 띄어쓰기를 잘못하면 '아버지 가방에 들어가실' 수도 있어. 아버지께서는 방에 들어가고 싶지, 가방에 들어가고 싶지는 않으실 거야.

사전 찾아보기

뭔가 미심쩍은 단어가 보이면 사전을 찾아보자. 어떻게 생겨난 단어인지, 어떤 뜻의 한자로 이루어졌는지 자꾸 찾다 보면, 꼬리에 꼬리를 물듯 어휘력이 늘어나는 경험을 할 거야.

기본적인 한자어와 관용어구 알아 두기

맞춤법을 잘 틀리는 이유는 아는 어휘가 부족해서야. 잘 모르는 단어를 들리는 대로 이해하다 보니 엉뚱한 말이 되는 거지. 이렇게 단어를 막 쓰다 보면 지금까지의 모든 노력이 '숲으로(수포로)' 돌아가는 불상사가 생기겠지?

띄어쓰기 바르게 하기

우리말 띄어쓰기는 정말 어려워. 단어마다 띄어 쓰되 조사는 붙여 쓴다는 것이 원칙인데, 도대체 뭐가 단어고 뭐가 조사인지 헷갈리거든.

댕댕이든 점메추든 알아들으면 그만이라고요?

그래도 최대한 의식하면서 띄어 써보자. 많이 헷갈리면 띄어쓰기 검사기의 도움을 받아 봐.

공적 언어와 사적 언어 구분하기

공적 언어는 공식적인 언어생활에서 쓰는 말이고, 사적 언어는 일상에서 쓰는 말이야. 친구들이랑 쉬는 시간에 나누는 대화, SNS로 주고받는 문자에서는 사적 언어를 사용해. 하지만 수업 시간에 발표를 하거나 면접을 볼 때처럼 공식적인 상황에서는 공적 언어를 쓰려고 노력해야 해. 그래야 대학교 입학 면접에서 나도 모르게 "저는 핵인싸입니다!"라고 의기양양하게 외치는 일이 없겠지?

욕도 친하니까
하는 거라고요?

개빡치는 하루

아, 씨발. 오늘도 졸라 재수 없는 하루였어. 영수 그 병신 새끼가 준비물을 안 챙겨와서 우리 모둠만 국어한테 개까였어. 가만히 짜져 있지, 그 미친 새끼가 지랄을 하는 바람에 단체로 까였잖아. 점심엔 민수 년이 치고 가는 바람에 식판 엎어서 교복 버렸어. 다시 생각해도 진짜 개빡치네. 근데 니네 반 오늘 축구 예선 하지 않았음? 5반 새끼들 발라 버렸다던데 구라지? ㅋㅋ 암튼 좋겠다, 새끼야. 우리 반은 내일 1반이랑 붙어. 1반 이기면 4강에서 니네 반이랑 붙는데, 너네 인제 뒈졌다.

ㄴ ● 깡생수드링킹
이건 뭐 친구랑 대화를 하는 건지, 싸우는 건지 알 수가 없네. 무슨 말이 죄다 욕이야;;

ㄴ ● 모두까기인형
다른 애들은 다 써. 혼자만 안 쓰면 씹선비 되는데 어쩔. 그리고 친한 사이니까 이런 말 쓰지 아무 데서나 쓰진 않아.

ㄴ ● 오만과편의점
헐!!! 친구들끼리 이런 말 쓰면서 손절 안 하는 게 신기방기. 친할수록 더 조심해야 하는 거 아냐?? 욕치고 좋은 말 없는데, 친구들 사이에서 굳이 그런 말을 써야 하는지 알다가도 모르겠네!

└ ● 게르마늄팔찌

욕을 하고 나면 뭔가 시원해지는 건 있어. 그리고 그 상황에 딱 맞는 다른 말도 없고. 내 감정을 가장 잘 표현해 주는 게 욕인 걸 어떡함.

└ ● 올래말래

말이란 게 습관인데, 자꾸 쓰니까 익숙해져서 그런 거지. 다른 좋은 말로 바꿔 쓰다 보면 처음에는 어색해도 금방 괜찮아져.

우리는 왜 욕을 하지?

유치원생 아들이 TV를 보고 있는데 퇴근하고 돌아온 아빠가 무심코 채널을 돌렸대. 그때 아들이 조용히 다가와서 아빠 귀에 대고 그러더래.

"뒈진다!"

이 아이는 도대체 어디서 욕을 배웠을까? 아이들이 본격적으로 욕을 배우기 시작하는 시기는 대부분 초등학교 고학년, 가장 욕을 많이 하는 시기는 중학생 때라고 해. 그런데 대중매체의 영향으로 욕을 시작하는 나이가 점점 어려지고 있어. 많은 아이들이 유튜브 같은 동영상 플랫폼에서 욕을 배우고 있다 하지.

몇 해 전에 한 방송 프로그램에서 어느 중학교 교실의 풍경을 담은 적이 있어. 아이들이 일상생활에서 비속어를 얼마나 쓰는지를 조사하기 위해서였지. 욕하는 순간을 '삐' 소리로 처리해 아이들의 언어생활을 있는 그대로 보여 주었는데, 1시간 동안 약 43번이나 '삐' 소리가 울렸다고 해. 84초에 한 번씩 욕을 한 거지. 방송을 본 사람들은 충격에 빠졌어. 중학생이 욕을 많이 하는 것은 알고 있었지만 이 정도일 줄은 몰랐던 거야.

청소년이 이렇게 욕을 많이 하는 이유는 뭘까? 어떤 사람들은 청소년이 어려서부터 가혹한 입시 경쟁에 내몰리다 보니 늘 마음속에 분노가 차 있고 무언가 억눌려 있기 때문이라고 해. 이런 분노와 억눌림을 표현하기 위해 욕을 쓰게 되고, 친구들이 쓰니까 또 따라서 쓴다는 거지. 학교에서 대부분의 시간을 보내는 청소년에게 또래 집단은 인간관계에서 아주 커다란 비중을 차지해. 또래 집단에서 소외되면 어쩌나 하는 공포가 엄청나지. 그래서 친구들이 욕을 하면 덩달아 하기 쉬워.

친구들끼리 이렇게 욕을 주고받다 보니 언제부터인가 욕은 친한 사이에서 쓰는 말이 되어 버린 것 같아. 친하지 않은 사이에서 욕을 하는 것은 싸우자는 의미여서 진짜로 화가 난 경우가 아니면 오히려 욕을 쓰지 않아. 그러다 보니 욕은 또래 집단과의 결속을 다지기 위해서도 쓰여. 연애할 때는 보통 잘 보이고 싶어서 상대방 앞에서 방귀를 뀌지는 않잖아? 그러다가 서로 편해지면 방귀를 뀌게 되는데 이걸 두고 우스갯소리로 '방귀 튼다'라고 해. 이것처럼 청소년들은 정말 친한 친구가 되었다는 의미로 '욕을 트는' 거지.

한편으로 무엇이든 서열화해야 직성이 풀리는 사회 분위기도 한몫했어. 남들보다 세 보이고 싶어서 욕을 하거든. 약하게 보이는 순간, 괴롭힘을 당한다는 사실을 경험으로 알고 있는 거지. 욕을 하면 무시당하지 않는다고 생각하는 거야. 하지만 일부러 세 보이려고 노력한다는 것은 스스로 약하다는 사실을 드러내는 것이기도 해. 두려움을 감추기 위한 허세인 셈이지. 밀림의 왕인 사자는 평소에는 발톱을 드러내지 않아. 강한 척할 필요가 없거든.

사이가 안 좋을 때는 안 좋은 감정을 드러내기 위해서, 사이가 좋을 때는 친근감을 드러내기 위해서, 또 어떤 때는 자기를 과시하기 위해서 욕을 해. 이렇게 많은 이유로 욕은 어느새 우리의 일상이 되어 버렸어. 매일 욕을 하다 보면 자기가 내뱉는 말이 욕이라는 의식조차 없어져. 습관이 되어 버리거든. 앞에서 모르고 쓴 말이 더 나쁜 결과를 가져올 수 있다고 했던 말을 기억할 거야.

세상에서 제일 무서운 게 바로 습관이야. "세 살 버릇 여든 간다"라고 하잖아. 한번 습관으로 굳어지면 고치기 힘들어. 내가 더는 욕을 쓰고 싶지 않아도, 그 말을 대신할 말을 모르게 되니까.

원래 욕이란 좌절감이나 실망, 분노, 원망 같은 감정이 극에 달

할 때 터져 나오곤 해. 막다른 길목에서 폭발하듯, 때로는 탄식하듯 나도 모르게 나오는 거지. 어떤 말로도 지금 내 감정을 표현하기 어려운 순간에 말이야. 물론 욕은 안 쓸수록 좋아. 하지만 가끔은 어쩔 수 없이 욕을 하게 될 때가 있어. 딱 그 상황에 맞는 찰진 욕은 마음속에 뭉친 분노와 울화를 시원하게 풀어 주니까.

우리는 뛰어가다가 책상에 걸려 발가락을 찧기도 하고, 실수로 컵을 엎어서 두 시간 넘게 그린 미술 수행평가를 망치기도 해. 그럴 때면 절로 욕이 튀어나올 거야. '앗', '아야', '어머나' 같은 점잖은 감탄사로 끝내기보다 욕을 시원하게 내지르고 나면 아픈 것도 덜하고 속상한 마음이 좀 누그러지는 것 같잖아. 주위에 누가 없고 혼자만 있는 상황이라면 거침없이 욕을 쏟아 낼 수도 있겠지. 물론 평생 욕을 안 해본 사람은 그 순간에도 욕을 뱉지 않는다고 해. 욕은 습관이라 무심결에 툭 튀어나오는 거거든.

실제로 욕을 하고 나면 가슴이 뻥 뚫리는 느낌이 든대. 영국 킬 대학교 심리학과의 리처드 스티븐스 박사가 실험을 통해 밝혀낸 사실이야. 스티븐스 박사는 욕설이 고통을 줄이는 데 얼마나 도움이 되는지를 알아내기 위해 얼음이 가득 든 양동이에 손을 넣고 견디는 실험을 했어. 참가자들은 실험에 두 차례 참여했는데 첫 번째는 욕을, 두 번째는 정중한 대체어만을 써야 했지.

실험 결과는 어땠을까? 예상한 대로 욕을 했을 때 고통을 더 잘

견딜 수 있었대. 스티븐스 박사의 설명에 따르면 욕은 감정 언어이기 때문에 욕을 하면 심박수가 올라가고 스트레스가 높아져. 이때 우리 뇌는 욕에 따른 스트레스에 취해서 다른 통증을 잠깐 잊게 되지. 물론 그 효과는 잠깐뿐이야. 같은 실험자들에게 똑같은 실험을 다시 했을 때는 아무 효과가 없었거든.

욕먹을 짓을 한 사람을 두고 누군가 욕을 하는 모습을 보면 속이 시원하다는 느낌을 받아. 내가 하고 싶은 말을 누군가 대신해 주니 얼마나 후련하겠어? 어떤 사람들은 욕을 들으면 기분이 좋아지기도 하나 봐. 손님에게 시원하고 걸쭉한 욕을 한 바가지 쏟아 내는 욕쟁이 할머니가 운영하는 식당을 일부러 찾아가기도 하거든.

같은 욕인데도 왜 어떤 욕은 우리를 기분 나쁘게 하고, 또 어떤 욕은 유쾌하게 만들까? 예전에 우리 조상들이 하던 욕은 대체로 비유나 과장을 많이 썼어. 생각지도 못한 비유로 무릎을 탁 치게 만들고, 말도 안 되는 과장으로 자신의 느낌을 절묘하게 나타냈지. 그리고 그런 말들은 대체로 듣는 사람을 직접 모욕하거나 조롱하지 않아. 욕인 듯 욕이 아닌, 욕 같은 말이지. 덕분에 욕을 해도 품격이 있었어. 그에 비하면 요즘 욕들은 한두 마디로 감정을 쏟아 내는 데 그칠 뿐 품격이라곤 찾아보기 어려워.

2003년에 개봉한 〈황산벌〉이라는 영화가 있어. 신라군과 백제

군이 황산벌에서 전투를 벌이며 전라도 사투리와 경상도 사투리로 걸쭉한 욕을 주고받는 모습이 압권이지. 특정 지역 사람들을 욕쟁이로 비하했다는 비판을 받기도 했지만, 찰지고 창의적인 욕 배틀로 큰 화제를 모았어. 1980년대에 발표된 조정래 작가의 《태백산맥》이라는 소설에도 걸쭉한 욕설이 나와. 그런데 이 말들이 단순히 천박하고 상스러운 욕설로만 여겨지지는 않지. 정말로 꼭 하고 싶은 말을 절묘한 표현으로 내뱉었을 때, 그 말은 비록 욕이지만 우리 가슴에 맺힌 곳을 시원하게 풀어 주는 카타르시스를 선사하기 때문이야.

좋은 욕, 이상한 욕, 나쁜 욕

우리나라에는 여느 나라와 견주어도 뒤처지지 않을 만큼 욕이 많아. 우리말에 이렇게 욕이 많은 것은 왜일까? 욕 문화를 연구하는 에마 번 박사는 욕이 사회적 합의에 따라 정해지는데, 이러한 사회적 합의는 특정 문화에서 **금기시**하는 것과 관련이 있다고 했어. 욕이란 본래 상대를 불쾌하게 만들려는 게 목적이니 그 문화권이 금기시하는 것이 욕의 소재가 되는 거지. 신체의 일부, 질병,

욕도 친하니까 하는 거라고요?

동물 등 문화권마다 각기 다른 요소에 불쾌감을 느껴. 전 세계의 욕은 신이나 조상, 부모를 모독하는 말, 특정 신체 부위에 비유하는 말, 특정 동물에 비유하는 말 등 세 가지 범주에 속한다고 해. 문화권에 따라 세 가지 범주의 욕 중에서 어떤 욕에 더 민감한지가 달라지는 거지.

우리나라에 욕이 유난히 많은 것은 어찌 보면 우리 사회에 그만큼 금기시된 것이 많다는 뜻이야. 유독 '성적인' 욕이 많은 것도 억압적인 유교 문화에서 성을 엄격히 금기시했기 때문이라고 할 수 있지. 반려동물로 사랑받는 '개'가 욕의 대명사가 되어 버린 것도 인간의 도덕규범과 관련이 있대. 인간에게는 근친상간이 금지되어 있는데, 개에게는 이런 도덕관념이 없기 때문에 '개의 자식'이라는 말이 욕이 되었다는 거야. 요즘은 '개'를 '개멋있어', '개좋아'처럼 긍정적인 의미로 붙여 쓰기도 해. 하지만 우리의 사랑스러운 멍멍이들이 자기네를 부르는 이름을 욕으로 쓰는 걸 알면 속상해하지 않을까?

'성'이 금기시되는 우리나라에서 사람을 특정 신체 부위에 비유하는 말은 욕이 돼. 남성의 경우는 성기에 비유한 욕만 있는 반면, 여성을 성적으로 비하하는 욕은 유난히 많지. '창녀', '걸레' 등 여성의 몸을 성적으로 조롱하는 말은 시대를 초월해 끊임없이 생산되었어. 전쟁이라는 역사의 소용돌이에서 피해자였던 여성도 예외는 아니야. 예를 들어 병자호란 때 청나라에 끌려갔다가 돌아온 여성을 '환향녀'라고 한 데서 유래한 '화냥년'이라는 욕이 그래. 1950년대 6·25전쟁 이후 생계를 위해 미군을 상대로 성매매에 내몰렸던 여성을 '양공주'라고 부르며 손가락질한 사례도 있지. 이런 욕들은 피해자였던 여성에게 비난의 화살을 돌림으로써 전쟁의 책임을 회피하려는 힘 있는 자들의 횡포이자 남성 우위의 사회에서 벌어지는 성차별이기도 해.

한편으로 욕은 억눌린 자들의 마음속 응어리를 풀어 주는 역할도 해. 프랑스의 작가이자 철학자인 장 폴 사르트르는 욕이란 지배 권력을 해체해 그 지배 권력의 권위를 인정하지 않으려는 민중의 언어 투쟁이라고 했어. 억눌린 사람들이 권력자를 욕함으로써 그들을 자신들과 동급으로 만들고 억눌림을 해소한다는 거야. 어른들이 정치인을 두고 마치 자기 친구인 양 이름을 서슴없이 부르면서 욕하는 모습을 본 적 있을 거야. 계급 사회였던 옛날에도 탈춤이나 판소리를 보면 지배계급을 욕하며 흥을 돋우잖아.

민중에게 분노의 대상이 지배계급뿐이었을 리 없어. 임진왜란, 병자호란을 비롯해 일제강점기, 6·25전쟁에 이르기까지 수많은 전쟁과 시련의 시기를 거치면서 억울하고 분한 일도 많았을 거야. 그 분노를 쏟아 내고 응어리진 마음을 풀기 위해서 욕을 이용해야 했던 때도 있었겠지. 암울하고 엄중했던 시절에 시원

욕도 친하니까 하는 거라고요?

스레 욕 한번 못하고 살았다면 오히려 속이 썩어 문드러졌을지도 몰라.

2011년 〈욕(辱)의 교육인간학적 기능〉이라는 논문에서는 욕의 종류를 쌍욕, 방귀욕, 익살욕, 채찍욕 이렇게 네 가지로 분류했어. 첫째, '쌍욕'은 공격적이고 파괴적인 인간의 본능을 그대로 표출하는 욕이야. "개 같은 놈", "아작아작 씹어 먹어도 시원찮을 놈" 같은 욕들이 바로 쌍욕이지. 이런 욕을 들으면 기분이 무척 나쁘겠지?

둘째, '방귀욕'은 비아냥거림과 비웃음을 담은 욕이야. "이 팔자 더러운 년, 차라리 콱 뒈져 버렸으면", "이 망할 놈의 세상"처럼 자신의 신세를 한탄하거나 억울한 감정을 드러내. 주로 혼잣말로 자신을 향해서 하지.

셋째, '익살욕'은 한마디로 익살스러운 욕이야. 애칭이나 유희의 욕이라고도 할 수 있어. "야, 이 오줌에 씻어서 똥물에 헹군 놈아!", "지랄 방구 쌈 싸 먹네"같이 친근감을 표현하거나 언어유희처럼 기발하고 창의적인 표현으로 유쾌한 웃음을 주지. 사람들이 자기 돈을 써가며 욕쟁이 할머니에게 듣고 싶어 하는 욕이 바로 이런 욕이야. 욕을 하는 사람도, 듣는 사람도 기분이 나쁘지 않거든. 하지만 이런 욕은 좋은 관계가 형성되지 않은 상태에서 잘못 사용하면 듣는 사람을 불쾌하게 만들 수 있어. 좋은 관계일지라도 그 정도가 지나치거나 상황에 맞지 않으면 관계를 끝장내 버릴 수 있으니 아주 조심해야 해.

넷째, '채찍욕'은 다른 사람의 행동을 비난하는 욕이야. 예를 들어 게으름을 피우며 느릿느릿 움직이는 사람을 "이 게을러터진 놈", "굼벵이 같은 놈"이라고 꼬집어 말하는 거지. 하지 말아야 할 욕이기도 하지만, 듣지 말아야 할 욕이기도 하겠지?

방귀욕이나 익살욕은 때때로 우리 마음에 맺힌 응어리를 풀어 주고 유쾌함을 선사해. 채찍욕은 다른 사람의 잘못된 행동에 경종을 울리지. 하지만 그 표현이 상황에 맞지 않거나 너무 과하면 언제든지 쌍욕으로 변할 수 있어.

오늘날 우리가 주로 쓰는 욕은 어떤 욕일까? 혹시 쌍욕을 입에 달고 살고 있지는 않니? 채찍욕이나 방귀욕, 익살욕이라 생각하며 쌍욕을 하고 있는 건 아닌지 모르겠어.

우리는 욕(욕설)을 비속어와 같은 말로 쓰고 있어. 하지만 정확하게 말하면 **욕**은 남을 저주하거나 모욕하는 말 또는 화가 났을

때 혼자 감탄조로 하는 말이야. 그리고 **비속어**는 격이 낮고 속된 말이지. 비속어는 다시 비어와 속어로 나뉘어. '비어'는 대상을 낮추거나 얕보는 말, '속어'는 통속적으로 쓰는 속된 말을 말해. 남을 저주하거나 모욕하려면 낮잡아 보고 속된 말로 표현하게 되니 결국 비속어도 욕에 들어가지.

욕설은 '사회의 심리적 설사'라는 말이 있어. 욕설의 '설'은 한자로 말씀 설(說)인데 '새다', '설사하다'라는 뜻의 설(泄)과 소리가 같거든. 요즘 말로 절묘한 라임이 드러나지? 그래서인지 욕설은 '하다'라는 동사보다 '내뱉다'라는 동사와 더 잘 어울리는 것 같아. 아무튼 욕의 속성은 기본적으로 저주와 모욕이야. 저주와 모욕의 말은 돌고 돌아 눈덩이처럼 커져서 결국은 자신에게도 그 영향이 미칠 수밖에 없어.

욕 문화 전문가인 에마 번 박사는 욕이 본능에 가깝다고 했어. 인간은 뇌 왼쪽에 손상이 생기면 언어 능력을 잃는데, 특이하게 이 경우에도 욕을 할 수 있다고 해. 우리 인간은 특정 언어와 굉장히 강력한 감정적 고리를 형성하고, 이 말들은 나머지 언어와는 다른 곳에 저장된대. 그래서 뇌 왼쪽에 손상을 입어도 즉흥적으로 욕이 나올 수 있다는 거야. 번 박사에 따르면 욕은 감정과 매우 강하게 연결되어 있어서 욕을 내뱉을 때 쓰는 근육의 움직임이 뇌 곳곳에 저장되어 있다가, 필요할 때 바로 불러와 쓸 수 있다고 해. 그런 의미에서 욕은 본능이라는 거지.

그런데 이 욕은 사회화된 본능이야. 욕이란 대체로 그 문화권에서 금기시하는 것과 관련이 있다고 했잖아. 어떤 말이 상대에게 '모욕감'을 주는지는 자라면서 알게 돼. 본능이긴 하지만 태어날 때부터 가지고 있는 본능은 아니라는 거지. 우리 사회의 문화적 관습에 따라 자꾸 쓰다 보니 습관이 되고, 이 습관이 우리 뇌의 여러 곳에 저장되어 본능으로 나타나는 거야. 날마다 욕을 하다 보면 그것이 습관을 넘어 본능으로 우리 뇌에 새겨진다니 정말 무서운 일이야.

"야, 이 미친 새끼야. 눈을 얻다 빼놓고 다니는 거야?"

생각해 봐. 평소에 엄청 똑똑하고 멋있어 보이던 사람이 누군가랑 부딪혔는데, 그 사람 입에서 본능적으로 이런 말이 튀어나왔다고 말이야. 그 사람에 대한 환상이 산산조각 나지 않겠어? 본인도 무심코 내뱉은 말에 당황할걸?

앞에서 욕을 하면 고통을 줄일 수 있다는 이야기를 했지? 그뿐만이 아니야. 욕을 하면 우리 뇌가 스트레스를 받는대. 그 스트레스로 고통을 잠깐 이길 수는 있겠지만, 우리 뇌도 상처를 입는 거지. 실제로 미국 하버드대학교 의과대학의 마틴 타이커 교수가

욕도 친하니까 하는 거라고요?

발표한 연구 결과가 있어. 언어폭력을 당하면 스트레스 호르몬인 코르티솔이 과다하게 나와 뇌들보와 해마 부위가 쪼그라든다고 해. 뇌들보는 좌뇌와 우뇌를 연결하는 다리인데, 이 뇌들보가 손상되면 언어 능력이나 사회성에 문제가 생겨. 게다가 욕을 하면 그 욕을 제일 먼저 듣는 사람은 누구일까? 바로 자기 자신이잖아.

가끔은 혼잣말로라도 시원하게 욕을 하는 것이 정신 건강에 도움이 된다고 말하는 사람도 있어. 실제로 욕을 할 때 코르티솔과 함께 우리 대뇌에서는 기분을 좋게 만들어 주는 도파민이 분비된대. 그런데 욕을 반복하면 이 도파민의 효과가 줄어들고, 우리 뇌는 점점 더 센 욕을 통해 도파민 분비량을 늘리려고 하게 돼. 그렇게 우리 뇌는 욕에 중독되고 마는 거야. 그래서 혼잣말로라도 욕을 쓰지 말라는 거지.

우리 뇌의 해마가 쪼그라들면 머리도 나빠져. 해마는 단기 기억을 장기 기억으로 바꿔 주는 역할을 하거든. 단어 12개를 들려준 뒤, 욕을 듣게 한 집단과 그렇지 않은 집단의 기억력을 비교한 실험이 있어. 욕을 들은 사람들은 그 욕에 놀라 다른 단어를 잘 기억하지 못했대. 사람은 다른 단어보다 욕을 4배 더 잘 기억한다고 해. 욕이 다른 것을 기억하는 데 써야 할 저장 용량을 갉아먹는 셈이지. 우리의 해마는 소중하니까 잘 지켜 줘야겠지?

내가 쓰는 말이 곧 나

욕을 많이 쓰면 안 좋은 점은 또 있어. 바로 표현이 너무 단순해 진다는 거지. 욕 몇 가지만 가지고 모든 표현이 다 끝나 버리잖아. 우리말의 아름다움 중 하나가 바로 풍부한 부사어인데 말이야.

"존나 멋있어(참 멋있어)."
"존나 재수 없어(하여튼 재수 없어)."
"존나 재밌어(엄청 재밌어)."

말은 습관이라고 여러 번 이야기했잖아. 습관이 되면 아무리 나쁜 말도 이상하다는 생각이 들지 않아. 반대로 습관이 아니면 아무리 좋은 말도 이상하다고 말할 수 있어. 우리는 사물을 있는 그대로 본다고 생각하지만, 실은 말하는 대로 보기도 해. 예를 들어 무지개의 색은 몇 개일까? 대부분 7개라고 대답할 거야. 그런 데 미국에서는 6개, 독일에서는 5개라고 대답한대. 또 아프리카 의 어느 부족은 무지개 색이 3개라고 생각하지. 우리나라도 과거 에는 무지개를 '오색'찬란하다고 했어.

무지개 색을 처음 구분한 사람은 영국의 물리학자 아이작 뉴턴이야. 뉴턴은 프리즘을 통과한 빛이 여러 가지 색으로 나뉜다는 사실을 발견했어. 실제로 프리즘을 통과한 빛은 7개보다 더 많았다고 해. 하지만 당시에 7이 행운의 숫자였고, 인간이 한 번에 기억하기 쉬운 숫자가 5에서 9 사이였기 때문에 무지개 색을 7개로 정했대. 그렇게 '일곱 빛깔 무지개'라는 말을 쓰기 시작하면서 무지개 색을 7개로 보게 된 거야.

이처럼 언어가 우리의 사고를 지배한다고 말해도 지나치지 않아. 물론 닭이 먼저냐, 달걀이 먼저냐 하는 문제이기는 해. 우리의 지각이 우리의 사고를 결정하고, 이 사고가 또 우리의 언어를 결정하거든. 우리의 언어가 사고를 결정하고, 사고가 또 지각을 결정하는 것처럼 말이야.

옛날부터 괜히 '말'이 중요하다고 한 게 아니지. 어르신들이 곧잘 해주시는 말씀 있잖아. 바르고 고운 말을 써라! 남을 괴롭히고 나를 해치는 거친 말 대신, 내 생각을 풍요롭게 만드는 멋진 말을 쓰자는 뜻이야. 누군가를 혐오하고 조롱하면서 알량한 우월감에 빠져 살고 있지 않은지 돌아보고, 기왕이면 오늘 내 한마디로 세상을 좀 더 따뜻하게 만들었으면 좋겠어.

한 땀 한 땀 정성을 다해야 좋은 옷을 만들 수 있어. 마찬가지로 한 마디 한 마디 정성 들여 말하고, 깊이 사고해야 멋진 나를 만들 수 있지 않을까? 말이야말로 그 사람을 비추는 거울이니까 말이야.

나만의 개성 넘치는 완곡어법 만들기

진실로(ㅈㄴ), 잠잠히 묵상해(닥쳐), 광야로 걸어가(꺼져), 머리가 홍해처럼 갈라질 것 같아(개빡치네), 깜찍한 어린 자녀야(새끼), 은혜가 넘치네(미치겠다)… 어때? 웃기지? 요새 유행하는 완곡어법이야. 어떤 교회에서 욕을 대신할 수 있는 표현을 정리한 거래. 정말 욕하고 싶은 상황에서는 이렇게 돌려 말하거나 대체어를 쓰면 돼. 우리도 나만의 개성 넘치는 완곡어법을 만들어 보면 어떨까?

욕 디톡스하기

디톡스(Detox)는 없앤다는 뜻의 'de'와 독소라는 뜻의 'toxin'을 합친 말이야. 쉽게 말해서 독소를 제거하는 거지. 몸속에 쌓인 독을 밖으로 내보내기 위해 마시는 해독 주스 알지? 욕은 우리 언어 습관에 쌓여 있는 독소와 같아. 이 독소를 배출하려면 해독 주스처럼 의식적으로 욕을 쓰지 않으려는 노력이 필요해. 좋은 글귀나 아름다운 시를 읽으면서 우리 마음을 가꾸는 것도 도움이 될 거야. 무엇보다 올바른 언어 습관을 쭈욱 유지하는 게 가장 중요하겠지?

다양한 부사어와 감각어 활용하기

우리말은 부사어와 감각어 부자야. 평소에 다양한 부사어와 감각어를 익혀서 쓰는 연습을 해보자. 자신의 감정을 있는 그대로 풍부하게 표현할 수 있을 거야. 예를 들어 '존나'는 매우, 아주, 정말, 너무, 무지, 엄청, 무척, 퍽, 가장 등으로 대체할 수 있어.

나의 감정을 중심에 두고 말하기

다른 이의 행동을 비난하지 않고도 얼마든지 내 생각을 표현할 수 있어. '나 표현법'이라고 하지. 예를 들어 '개지랄 떨고 있네' 대신 '네가 그렇게 행동하니까 내 기분이 썩 좋지 않아. 조금 조용히 말해 줄래?' 라고 하는 거야. 이렇게 자신의 감정과 함께 원하는 바를 분명하게 전달하면 상대방 또한 어떻게 해야 할지 알 수 있어.

#비속어

참고 자료

책

가 알페로비츠·루 데일리, 원용찬 옮김, 《독식 비판》, 민음사, 2011

강미영 외, 《상처 입은 몸》, 한울, 2023

고승연, 《우리가 싸우는 이유》, 플랜비디자인, 2023

금정연, 《그래서... 이런 말이 생겼습니다》, 북트리거, 2022

김보미, 《나와 평등한 말》, 너머학교, 2021

김열규, 《욕, 그 카타르시스의 미학》, 사계절, 1997

김종갑, 《외모 강박》, 은행나무, 2021

김지혜, 《선량한 차별주의자》, 창비, 2019

김효진, 《이런 말, 나만 불편해?》, 이후, 2022

도원영 외, 《욕 대신 말》, 마리북스, 2022

리브 스트룀크비스트, 이유진 옮김, 《거울의 방에서》, 돌베개, 2022

마사 C. 누스바움, 조계원 옮김, 《혐오와 수치심》, 민음사, 2015

마이클 샌델, 함규진 옮김, 《공정하다는 착각》, 와이즈베리, 2020

박권일, 《한국의 능력주의》, 이데아, 2021

박다해, 《왜요, 그게 차별인가요?》, 동녘, 2023

벨 훅스, 노지양 옮김, 《난 여자가 아닙니까?》, 동녘, 2023

브래들리 셔먼, 박영준 옮김, 《슈퍼 에이지 이펙트》, 비즈니스북스, 2023

샤리 그레이든, 신재일 옮김, 《왜 10대는 외모에 열광할까?》, 오유아이, 2015

이건범,《언어는 인권이다》, 피어나, 2017

이혜정 외,《혐오, 교실에 들어오다》, 살림터, 2019

장한업,《차별의 언어》, 아날로그, 2018

정정희,《10대, 우리답게 개념 있게 말하다》, 맘에드림, 2021

정회옥,《한 번은 불러보았다》, 위즈덤하우스, 2022

조지 레이코프, 유나영 옮김,《코끼리는 생각하지 마》, 와이즈베리, 2015

최경봉,《한글민주주의》, 책과함께, 2012

최형규,《청소년을 위한 개념 있는 언어생활》, 뜨인돌, 2021

홍성수,《말이 칼이 될 때》, 어크로스, 2018

보고서

보건복지부·아동권리보장원,〈함께 만드는 어린이 존중용어 사전〉, 2023

장애인정책모니터링센터,〈2019 언론모니터링 결과보고서〉, 2019

기사·방송

〈[5.1%의 눈물]①대한민국 국민 20명 중 1명은 '등록 장애인'〉, 뉴시스, 2022.05.07

〈가난한 나라서 왔다고 홀대…백인보다 같은 아시아인 더 차별 [한국형 외국인 혐오 보고서]〉, 세계일보, 2020.03.25

〈감탄사로 일상적으로 사용하는 욕 - 욕 중독〉, 정신의학신문, 2020.09.12

〈구직자 95.6% '페이스펙' 면접 결과에 영향 준다〉, 잡코리아, 2021.04.15

〈귤 씨·깡 씨?…우리나라 별의별 성씨가 다 있네〉, 국제신문, 2013.04.26

〈그들만의 언어, '보그체'〉, 한글문화연대 누리집, 2022.06.24

〈"글피·심심한 사과, 무슨 뜻이죠" Z세대의 솔직고백〉, 아시아경제, 2023.10.06

〈[뉴스브릿지] 외국어·신조어 범람…우리말·우리글 사용 실태는?〉, EBS 뉴스, 2022.10.07

〈다문화학생 16만명, 9년새 3배…초등 4.2%·베트남계 32%로 최다〉, 연합뉴스, 2022.02.01

〈대한민국은 단일 민족인가?〉, 한국일보, 2024.01.20

〈"뎁스 있게 디벨롭" "어프로치가 마일드"… 정치권까지 번진 '영어 섞어 쓰기'〉, 조선일보, 2023.01.01

〈[반갑다 우리말]①"편한 외국어, 그냥 쓰면 안되나요?"〉, 이데일리, 2022.05.17

〈색다른 시선, 김종배입니다〉, TBS, 2017.02.02

〈서양도 '꼰대'를 싫어한다… "OK부머!" 무슨 뜻?〉, 머니투데이, 2019.11.12

〈'욕설의 과학'… 욕하고 나면 기분이 좋아지는 이유〉, BBC NEWS 코리아,

   2021.05.12

〈'지랄 방구 쌈 싸먹네' 욕에도 종류가 있다〉, 세계일보, 2011.09.14

〈지하철의 '보그병신체'〉, 중앙일보, 2015.02.12

〈진짜 '얼굴값' 한다.. 예쁘면 급여 10%이상 더 높아〉, 머니투데이, 2011.08.31

〈한국 10대 77%가 외모에 불만족〉, 동아일보, 2006.10.08

〈한국, '일하는 여성 환경' 12년째 선진국 중 가장 가혹〉, 연합뉴스, 2024.03.07

〈[한글날 특집] 나쁜 우리말, 욕 ②욕을 쓰면 우리 뇌에 무슨 일이?〉,

   어린이과학동아, 2018.10.03

〈한중일 3국3색의 욕설 문화〉, 뉴스프리존, 2023.12.05

이미지 출처

20쪽　ⓒUnited States Holocaust Memorial Museum

101쪽　ⓒSarah Worthy

115쪽　ⓒ대한민국역사박물관 현대사아카이브

148쪽　ⓒBagas Hutagalung

다른 포스트

뉴스레터 구독

댓글 달기 전에 생각해 봤어?
차별과 혐오에 빠진 세계를 구할 디지털 문해력 수업

초판 1쇄   2024년 6월 17일

지은이   정정희

펴낸이   김한청
기획편집   원경은 차언조 양선화 양희우 유자영
마케팅   정원식 이진범
디자인   이성아
운영   설채린

펴낸곳 도서출판 다른
출판등록 2004년 9월 2일 제2013-000194호
주소 서울시 마포구 동교로 27길 3-10 희경빌딩 4층
전화 02-3143-6478 **팩스** 02-3143-6479 **이메일** khc15968@hanmail.net
블로그 blog.naver.com/darun_pub **인스타그램** @darunpublishers

ISBN 979-11-5633-620-4 43700

다른 생각이
다른 세상을 만듭니다